Michael Rotaug / Frank Weidner

ÖFFENTLICHES BAURECHT IN NIEDERSACHSEN

Herausgegeben vom

NSI

Kommunale **Hochschule**
für Verwaltung in Niedersachsen

Maximilian Verlag
Hamburg

SCHRIFTENREIHE
KOMMUNALE HOCHSCHULE FÜR VERWALTUNG IN NIEDERSACHSEN

Michael Rotaug
Frank Weidner

ÖFFENTLICHES BAURECHT IN NIEDERSACHSEN

Vorliegende Ausgabe erscheint als Band 22 in der Schriftenreihe der Kommunalen Hochschule für Verwaltung in Niedersachsen, herausgegeben von Prof. Dr. Michael Koop und Prof. Holger Weidemann.

Redaktionsstand: 01.01.2020

2. überarbeitete und erweiterte Auflage

ISBN 978-3-7869-1225-5

Produktion: Marisa Tippe
Umschlaggestaltung: Nicole Laka
Druck und Bindung: Medienhaus Plump

Printed in Germany

INHALTSVERZEICHNIS

ABKÜRZUNGSVERZEICHNIS

(Gesetze in der zum 01. Januar 2020 geltenden Fassung)

a. A.	andere Ansicht
Abs.	Absatz
ArbSchG	Arbeitsschutzgesetz
ArbStättV	Arbeitsstättenverordnung
Aufl.	Auflage
BauR	Zeitschrift „Baurecht“
BauGB	Baugesetzbuch
BauNVO	Baunutzungsverordnung
BBodSchG	Bundes-Bodenschutzgesetz
BetrSichV	Betriebssicherheitsverordnung
BGB	Bürgerliches Gesetzbuch
BGBl.	Bundesgesetzblatt
BImSchG	Bundes-Immissionsschutzgesetz
BVerwG	Bundesverwaltungsgericht
BVerwGE	„Entscheidungen des Bundesverwaltungsgerichts“
bzw.	beziehungsweise
CPI-Woch-VO	Campingplatzverordnung
DVBl.	Zeitschrift „Deutsches Verwaltungsblatt“
DVO-BauGB	Baugesetzbuch-Durchführungsverordnung Niedersachsen
et al.	und andere („et alii“ bzw. „et aliae“)
f./ff.	folgende (Seite/n)
FStrG	Bundesfernstraßengesetz
GBO	Grundbuchordnung
GG	Grundgesetz
H	Höhe des Punkts über der Geländeoberfläche (§ 5 Abs. 1 S. 4 NBauO)
Hrsg.	Herausgeber
i. S. d.	im Sinne des
i. S. v.	im Sinne von
m	Meter
MBO	Musterbauordnung
m. w. N.	mit weiteren Nachweisen
NBauO	Niedersächsische Bauordnung
NDSchG	Niedersächsisches Denkmalschutzgesetz
NdsVBl.	Zeitschrift „Niedersächsische Verwaltungsblätter“
NNatG	Niedersächsisches Naturschutzgesetz
Nr.	Nummer
NStrG	Niedersächsisches Straßengesetz
NVwVfG	Niedersächsisches Verwaltungsverfahrensgesetz
NVwZ	„Neue Zeitschrift für Verwaltungsrecht“
NVwZ-RR	Zeitschrift „NVwZ-Rechtsprechungs-Report Verwaltungsrecht“

NWaldLG	Wald- und Landschaftsordnungsgesetz
Rn./Rz.	Randnummer/Randziffer
S.	Seite/Satz
sog.	sogenannte/n
UVPG	Umweltverträglichkeitsprüfungsgesetz
VA	Verwaltungsakt
vgl.	vergleiche
VwVfG	Verwaltungsverfahrensgesetz
z. B.	zum Beispiel
ZfBR	„Zeitschrift für deutsches und internationales Bau- und Vergaberecht“

VORWORT

Liebe Leserinnen und Leser,

wir freuen uns, erstmals ein Lehrbuch zum öffentlichen Baurecht in Niedersachsen anbieten zu können, das sich an den Lehrinhalten im Bachelor-Studiengang Allgemeine Verwaltung und in Lehrgängen des Niedersächsischen Studieninstituts (insbesondere Angestelltenlehrgänge II) orientiert. Die beiden Schwerpunkte des Buches liegen auf dem Landesbaurecht mit seinen in erster Linie formellen Anforderungen und auf den Gegenständen des städtebaulichen Planungsrechts mit seinen unterschiedlich gelagerten Genehmigungsvoraussetzungen. Den Leserinnen und Lesern soll ein Werk an die Hand gegeben werden, mit dem sie die Gegenstände des Rechtsgebiets anschaulich nachvollziehen können. Augenmerk ist daraufgelegt worden, insbesondere ein unterrichtsbegleitendes und -ergänzendes Werk zu erarbeiten.

Die Verfasser

ERSTER TEIL

BAURECHT IM ÜBERBLICK

Das Eigentum und das Erbrecht werden gewährleistet. Inhalt und Schranken werden durch die Gesetze bestimmt. Eigentum verpflichtet. Sein Gebrauch soll zugleich dem Wohl der Allgemeinheit dienen (Art. 14 Abs. 1 und 2 GG). 1

Den Gemeinden muss das Recht gewährleistet sein, alle Angelegenheiten der örtlichen Gemeinschaft im Rahmen der Gesetze in eigener Verantwortung zu regeln (Art. 28 Abs. 2 GG). 2

Mit diesen beiden Aussagen nennt und stärkt unsere Verfassung die beiden Hauptakteure, die im Baurecht einen wesentlichen Stellenwert genießen, nicht selten sogar in Konkurrenz zueinander treten. Bauen, in welcher Form auch immer, stellt unmittelbar wie auch mittelbar Eigentumsausübung dar. Wenn das Grundgesetz also mit der für das Eigentum abgegebenen Garantie hier für alle Träger von Rechten und Pflichten ein Grundrecht bildet, wird damit gleichsam auch für das Baurecht ein grundsätzliches Prinzip formuliert. Wir umschreiben diesen für alle bestehenden Anspruch als „Baufreiheit". Zurückhaltender wird hier wohl eher von der „sogenannten" Baufreiheit zu sprechen sein, was nach tieferem Eindringen in die vorhandene Materie des öffentlichen Baurechts als Gesamteindruck verbleiben mag. Der Begriff „Baufreiheit" vermittelt immerhin vom Ansatz her eine positive Aussage und soll die Eigentümerposition im Rahmen baurechtlicher Betrachtungen und Wertungen stärken. In der Vergangenheit, z. B. unter Geltung des *Preußischen Fluchtliniengesetzes* (Straßen- und Baufluchtliniengesetz vom 02.07.1875), formulierte die Sprache des Gesetzgebers den wesentlich stringenteren Begriff des „Bauverbots", das sich im Endeffekt allerdings eher als präventives Verbot herausstellte, das im Einzelfall zu überwinden war. 3

Den somit offenbar grundsätzlich mit „Baufreiheit" zu beschreibenden Rechten des Einzelnen sind – ebenso durch die Verfassung gestärkt – die Rechte der Gemeinden gleichgestellt. Gemeinden haben auf der Grundlage der Verfassung das Recht eingeräumt bekommen, ihre eigenen Angelegenheiten zur Regelung der örtlichen Gemeinschaft selbst in die Hand zu nehmen. Auch mit dieser positiven Botschaft hat das Grundgesetz den Gemeinden eine – zumindest in diesem Umfang hinsichtlich der im Weiteren näher zu betrachtenden Gegenstände des Baurechts – bis dahin nicht gekannte starke Position gegeben. Art. 28 Abs. 2 GG beschreibt die Selbstverwaltungsgarantie der Gemeinden; für das Baurecht wird aus diesem Anspruch der eigenverantwortlichen Daseinsvorsorge der Gemeinde der Begriff der „Planungshoheit" abgeleitet. Ein Begriff, der im Weiteren an entscheidenden Stellen deutlich seine Auswirkungen zeigen wird. Auch die Selbstverwaltungsgarantie der Gemeinden mit der darin enthaltenen „Planungshoheit" ist hinsichtlich des Inhalts in dem von der Verfassung vorgegebenen Gesetzesrahmen freilich nicht als eine uneingeschränkte Rechtsposition zu sehen. Im Zuge seiner konkurrierenden Gesetzgebungskompetenz 4

(Art. 74 Abs. 1 GG,) hat der Bund im Wesentlichen in Ausformung des Bodenrechts durch das heutige Baugesetzbuch (BauGB) den ordnenden Rahmen geschaffen. Dieses Gesetz ist ursprünglich im Jahr 1960 unter dem Namen Bundesbaugesetz erstmals in Kraft getreten und im Zuge von Änderungen und Ergänzungen unter Einbeziehung des Städtebauförderungsrechts seit dem 01.07.1987 unter dem heutigen Namen bekannt.

5 Wenn das Recht auf Eigentum und das Recht auf Planungshoheit ein starkes Gewicht im Rahmen des öffentlichen Baurechts ausmachen, so sind damit bei Weitem noch nicht alle wesentlichen Interessenkreise benannt. Zumindest ein weiterer in starkem Maße im öffentlichen Interesse stehender Rechtskreis ist für das Baurecht von Bedeutung: das staatliche Recht auf Wahrnehmung der Gefahrenabwehr. Diese Verbindung mag sich vielleicht nicht sofort erschließen. In Deutschland sind wir in der Regel verschont von so schrecklichen Ereignissen, wie sie sich zumindest in einigen Teilen der Welt gelegentlich zutragen. 2013 stürzte in Bangladesch eine mehrgeschossige Textilfabrik für Bekleidungsstücke aller bekannten Labels ein. Beim Bau des Gebäudes wurde minderwertiges Material verwendet, mehr als tausend Menschen kamen zu Tode. Auch der Name eines italienischen Ortes in einer landschaftlich sehr schönen Gegend der Lombardei steht letztlich für die zu bewältigenden Gefahren beim Bauen und der Zuordnung von gefährlichen und empfindlichen (Wohn-) Nutzungen: Seveso! 1976 ereignete sich hier ein Dioxinunfall so heftigen Ausmaßes, dass europäische Regelwerke – auch zum baulichen Schutz – diesen Namen tragen.[1] Aber auch bei uns hat es tragische Ereignisse gegeben, wie etwa den Einsturz des Dachs der Eissporthalle in Bad Reichenhall im Jahr 2006 mit 15 Toten oder den Einsturz des historischen Archivs der Stadt Köln, bei dem zwei Menschen ums Leben kamen. Jüngst hat das katastrophale Feuer im Grenfell Tower unweit des Londoner Stadtteils Notting Hill Schlagzeilen gemacht. Bei dem Feuer, das wohl u. a. auf die Verwendung ungeeigneter Fassadenbaustoffe zurückzuführen ist, ist das gesamte Wohnhochhaus ausgebrannt, und es sind auch hier viele Tote und Schwerverletzte zu beklagen gewesen. Es wird deutlich, dass Bauen natürlich potenziell auch eine Gefahr für Leib und Leben darstellen kann, wenn man betrachtet, welch katastrophale Wirkung von Mängeln am Bau ausgehen können. Allein die gewaltigen Massen an Stahl, Beton und Glas, die mit ihrem enormen Gewicht oft über viele Ebenen geschichtet sind, und das mit zunehmender Größe von Gebäuden steigende Brandrisiko verdeutlichen eindrucksvoll die darin liegende Gefahr.

6 In den 16 Bundesländern haben die Gesetzgeber der Länder und Stadtstaaten in Ausübung ihrer gefahrenabwehrrechtlichen Befugnis Regelwerke geschaffen, die in erster Linie präventiv dafür stehen, dass Sicherheitsaspekte im Rahmen von Bautätigkeiten gewährleistet werden. Hier bestehen in allen Bundesländern über die jeweiligen Landesbauordnungen Regelungen über Verfahrens- und Sicherheitsanforderungen.

[1] Richtlinie 96/82/EG des Rates vom 9. Dezember 1996 zur Beherrschung der Gefahren bei schweren Unfällen mit gefährlichen Stoffen, Seveso-II-Richtlinie, Richtlinie 2012/18/EU des Europäischen Parlaments und des Rates vom 4. Juli 2012 zur Beherrschung der Gefahren schwerer Unfälle mit gefährlichen Stoffen, zur Änderung und anschließenden Aufhebung der Richtlinie 96/82/EG des Rates, Seveso-III-Richtlinie.

Der weitreichende Begriff des Baurechts umfasst die genannten Vorschriften und Regelungskreise und befasst sich in erster Linie mit der Nutzung und der Bebauung von Grundstücken. Über das im weiteren Verlauf zu behandelnde öffentliche Baurecht hinaus bildet gleichsam auch privates Recht Baurecht. Wesentlich sind hier das Bauvertragsrecht und das private Nachbarrecht zu nennen. Im Unterschied zum öffentlichen Baurecht, wo der Staat als Träger hoheitlicher Gewalt tätig wird, stehen die Akteure im privaten Baurecht auf gleicher Ebene. So haben Mieter und Eigentümer eines Grundstücks, Bauherren, Bauunternehmer und Architekten oder auch Nachbarn Streitigkeiten aus dem privaten Baurecht vor dem Zivilgericht auszutragen. Privates Baurecht regelt also die vertraglichen Beziehungen zwischen Auftraggeber und Bauunternehmer, Architekten und anderen Fachleuten (z. B. Bauingenieure, Statiker) sowie Versicherungsverträge der am Bau Beteiligten. Außerdem werden gesetzliche Ansprüche, wie es sachenrechtliche (aus Eigentum und Besitz) und deliktische Ansprüche (aus unerlaubter Handlung) sind, dem privaten Baurecht zugeordnet, wenn die Regelungen ein Bauwerk betreffen. Ein Bauwerk in diesem Sinne ist eine unbewegliche, durch Verwendung von Material und Arbeit in Verbindung mit dem Erdboden hergestellte Sache.[2] 7

2 Locher/Locher, Rn 6.

ZWEITER TEIL

BAUORDNUNGSRECHT

A. GRUNDSÄTZE DES LANDESBAURECHTS, MUSTERBAUORDNUNG

8 Zurückgehend auf die ersten Jahre nach der Entstehung der Bundesrepublik Deutschland hat eine intensive Auseinandersetzung mit der Frage der Gesetzgebungskompetenz eines einheitlichen Baugesetzes stattgefunden. Aufgrund eines seinerzeit auf Bestreben des Bundes und der Länder vom BVerfG eingeholten Gutachtens[3] wurde in Auslegung der Kompetenzen des Bundes hinsichtlich Art. 74 Nr. 18 GG (konkurrierende Gesetzgebung) seine Zuständigkeit für städtebauliche (bodenrechtliche) Regelungen festgestellt, aber darauf auch begrenzt. Alle übrigen Befugnisse zur Regelung baurechtlicher Normen, hier die seinerzeit in erster Linie unter der Bezeichnung „Baupolizeirecht" bekannten Normen, sind von daher in die Zuständigkeit der Länder verwiesen. Das Baurecht umfasst also zwei grundlegend verschiedene Rechtsgebiete, nämlich das Bauordnungsrecht zum einen und das Bauplanungsrecht zum anderen.

9 Man hat seinerzeit erkannt, dass eine gewisse Vereinheitlichung des Landesbaurechts notwendig ist und dass zwischen den Bundesländern ein Abstimmungsverfahren über Inhalte der jeweiligen Landesbauordnungen erforderlich sein wird. Die Bauminister der Länder und der Bundesminister für den Wohnungsbau haben sich sodann auf der Grundlage der sog. Dürkheimer Vereinbarung (1955) in diesem Sinne dazu bekannt, quasi als Leitentwurf einer beispielhaften Landesbauordnung eine Musterbauordnung (MBO) zu entwerfen. Der erste solche Entwurf einer MBO, an der sich die Bundesländer im Rahmen ihrer Gesetzgebung im Sinne einer Bundeseinheitlichkeit orientieren konnten, ist im Jahr 1959 veröffentlicht worden. Die Zusammenarbeit der Landesbauminister und des entsprechenden Ministeriums des Bundes findet bis heute in der sog. Bauministerkonferenz statt; die letzte Fassung der MBO ist am 1. November 2002 veröffentlicht worden.

10 Die MBO hat sich in der Vergangenheit den fortschreitenden Anforderungen an Staat und Gesellschaft, insbesondere auch hinsichtlich des landauf und landab zu bemerkenden Bestrebens zur Deregulierung von Genehmigungsvorgängen, gestellt. In Niedersachsen gilt die 1973 erlassene und 2012 zuletzt novellierte Niedersächsische Bauordnung (NBauO) in der Fassung vom 3. April 2012 und wurde zuletzt durch Beschluss vom 13. Mai 2016 geändert.[4]

---

3 BVerfG, Gutachten vom 16. Juni 1954 – 1 PBvV 2/52 –, BeckRS 1954, 30700512.

4 4 https://www.bauministerkonferenz.de/Dokumente/42318979.pdf (abgerufen am 4. Februar 2018).

Das Bauordnungsrecht stellt sich als spezielles Polizeirecht dar. § 59 Abs. 1 NBauO stellt 11 Baumaßnahmen grundsätzlich unter einen Genehmigungsvorbehalt. Rechtsverstöße können unterbunden werden. So wie § 11 NdsSOG als allgemeine Ermächtigungsgrundlage Ordnungsbehörden die Abwehr von Gefahren i. S. d. § 2 Nr. 1a NdsSOG durch Erlass von Verwaltungsakten ermöglicht, ermächtigt § 79 Abs. 1 S. 1 NBauO zum Erlass rechtseingreifender Verwaltungsakte, um einem Verstoß gegen das öffentliche Baurecht zu begegnen. Die Länder regeln diese staatliche Aufgabe somit durch ihre Baugesetze (Landesbauordnungen). Sie regeln zunächst Verfahrensanforderungen und Begriffe, klären den Behördenaufbau und die Zuständigkeiten. Sie normieren im Wesentlichen technische und gefahrenabwehrrechtlich erforderliche materielle Anforderungen an Bebauung. Ferner begründen sie in den Landesbauordnungen Genehmigungspflichten und Genehmigungsansprüche und regeln – wiederum gefahrenabwehrrechtlich –, wie gegenüber baurechtlichen Gesetzesverstößen eingegriffen werden darf. Baugenehmigung und Bauvorbescheid sind Verwaltungsakte der begünstigenden Verwaltung. §§ 70 Abs. 1 S. 1 und 73 Abs. 1 S. 1 NBauO sind die entsprechenden Anspruchsgrundlagen.

12

Ermächtigungsgrundlage	**Anspruchsgrundlage**	**Anspruchsgrundlage**
§ 79 Abs. 1 S. 1 NBauO (Art. 20 Abs. 3 GG, Vorbehalt und Vorrang)	§ 70 Abs. 1 S. 1 NBauO (Art. 20 Abs. 3 GG, Vorrang)	§ 73 Abs.1 S. 1 NBauO (Art. 20 Abs. 3 GG, Vorrang)
Formelle Rechtmäßigkeit Zuständigkeit (sachlich, örtlich) Verfahren, § 79 Abs. 4 NBauO Form, ggf. § 39 Abs. 1 S. 1–3 VwVfG	**Formelle Rechtmäßigkeit** Zuständigkeit (sachlich, örtlich) Bauantrag, § 67 Abs. 1 S. 1, 2 NBauO	**Formelle Rechtmäßigkeit** Zuständigkeit (sachlich, örtlich) Bauvoranfrage, §§ 73 Abs. 1, Abs. 2 S. 2, 67 Abs. 1 S. 1, 2 NBauO
Materielle Rechtmäßigkeit	**Materielle Rechtmäßigkeit**	**Materielle Rechtmäßigkeit**
Tatbestand	Tatbestand	Tatbestand
1. Bauliche Anlage, Grundstück, Bauprodukt oder Baumaßnahme	1. Baumaßnahme	1. Baumaßnahme
2. Widerspruch zum öffentlichen Baurecht besteht oder wird vermutet	2. Genehmigungspflicht oder § 62 Abs. 10 NBauO	2. Genehmigungspflicht oder § 62 Abs. 10 NBauO
	Vor 3. Umfang der Prüfung: §§ 63, 64 NBauO	Vor 3. Umfang der Prüfung: laut Bauvoranfrage
Rechtsfolge: Ermessen, § 40 VwVfG	3. Kein Widerspruch zum öffentlichen Baurecht	3. Einzelne Frage, die selbstständig beurteilt werden kann
a) Zweck der Ermächtigung		
b) Adressatenauswahl		4. Kein Widerspruch zum öffentlichen Baurecht
c) Grds. der Verhältnismäßigkeit		
– Geeignetheit – Erforderlichkeit – Angemessenheit	Rechtsfolge: Gebundene Verwaltung	Rechtsfolge: Gebundene Verwaltung

B. ZUSTÄNDIGKEIT UND VERFAHRENSRECHT

13 Die sachliche Zuständigkeit der Baubehörden regelt die NBauO in §§ 57 und 58 NBauO. § 57 Abs. 1 S. 1, 2 NBauO regelt einen zweistufigen Verwaltungsaufbau, wonach die oberste Bauaufsichtsbehörde das Fachministerium, und zwar das Niedersächsische Ministerium für Umwelt, Energie, Bauen und Klimaschutz ist. Sie übt gemäß § 58 Abs. 4 NBauO die Fachaufsicht über die unteren Bauaufsichtsbehörden aus. Die unteren Bauaufsichtsbehörden sind nach § 58 Abs. 2 NBauO für Aufgaben der NBauO zuständig, also für den Erlass von Bauvorbescheiden, Baugenehmigungen sowie für Eingriffsverfügungen aufgrund § 79 Abs. 1 S. 1 NBauO. Es sind gemäß § 57 Abs. 1 S. 1 NBauO die Landkreise, die kreisfreien Städte und die großen selbstständigen Städte, die diese Aufgaben gemäß § 57 Abs. 3 NBauO im übertragenen Wirkungskreis wahrnehmen, wobei die Aufgaben von der obersten Bauaufsichtsbehörde nach § 57 Abs. 2 und 4 NBauO auch auf kleinere Kommunen übertragen werden können. Die Aufgaben der unteren Bauaufsichtsbehörden können allerdings im Unterschied zu früherer Regelung nur insgesamt übertragen werden; eine Teilweise Übertragung ist nicht mehr möglich.

14 Für die Region Hannover regelt das NKomVG die sachliche Zuständigkeit und die Fachaufsicht speziell. Nach § 164 Abs. 2 S. 1 NKomVG nehmen die regionsangehörigen Gemeinden mit mehr als 30.000 Einwohnerinnen und Einwohnern die Aufgaben der unteren Bauaufsichtsbehörden wahr. Gleiches gilt gemäß § 164 Abs. 2 S. 2 NKomVG für regionsangehörige Gemeinden, welche diese Aufgaben am 31. Oktober 2001 wahrgenommen haben. Außerdem kann die oberste Bauaufsichtsbehörde diese Aufgaben auf regionsangehörige Gemeinden mit mehr als 20.000 Einwohnerinnen und Einwohner übertragen. Diese Vorschriften stellen also Spezialvorschriften zu § 57 Abs. 2 NBauO dar. Eine Besonderheit gilt auch im Hinblick auf die Aufsichtsbehörde. § 164 Abs. 6 NKomVG bestimmt nämlich, dass die Region Hannover die Fachaufsicht über die regionsangehörigen Gemeinden ausgenommen der Landeshauptstadt Hannover ausübt. Diese Abweichung von § 58 Abs. 4 NBauO führt dazu, dass in diesen Fällen also Ausgangs- und Widerspruchsbehörde nicht nach § 73 Abs. 1 S. 2 Nr. 2 VwGO identisch sind, sondern dass die Region Hannover gemäß § 73 Abs. 1 S. 2 Nr. 1 VwGO die zuständige Widerspruchsbehörde für Entscheidungen über Widersprüche gegen Verwaltungsakte der regionsangehörigen Bauaufsichtsbehörden mit Ausnahme der Landeshauptstadt Hannover ist.

15 Bevor eine Eingriffsverfügung nach § 79 Abs. 1 S. 1 NBauO erlassen wird, soll die Bauaufsichtsbehörde die Angelegenheit mit den Betroffenen gemäß § 79 Abs. 4 NBauO erörtern. Die im Verhältnis zu § 28 Abs. 1 VwVfG speziell geregelte Verfahrensvorschrift sieht vor, dass dem Betroffenen die verschiedenen möglichen Maßnahmen durch die Bauaufsichtsbehörde geschildert werden, damit das für den Betroffenen mildeste Mittel ausgemacht werden kann. Der im Vergleich zu § 28 Abs. 1 VwVfG weniger zwingende Wortlaut („soll" statt „ist") führt dazu, dass von der Pflicht zur Erörterung wegen besonderer Umstände abgesehen werden kann. Es ist denkbar, dass diese Umstände in den Ausnahmetatbeständen aus § 28 Abs. 2 VwVfG bestehen, sodass auch von einer Anhörung abgesehen werden könnte. Ein Unterlassen der Erörterung führt, wenn keine Ausnahme einschlägig war, zur formellen Rechtswidrigkeit der Anordnung. Wie bei dem Fehler der unterlassenen Anhörung kann auch der Fehler der unterlassenen Erörterung nach § 45 Abs. 1 Nr. 3 VwVfG geheilt werden, indem die Erörterung nachgeholt wird.

Die Baugenehmigung ist nach § 67 Abs. 1 S. 1 NBauO schriftlich bei der Gemeinde durch einen sog. Bauantrag zu beantragen. Nach § 67 Abs. 1 S. 2 NBauO sind ihm alle für die Beurteilung der Baumaßnahmen und die Bearbeitung erforderlichen Unterlagen beizufügen, die als Bauvorlagen bezeichnet werden. Welche genauen inhaltlichen Anforderungen diese Bauvorlagen zu erfüllen haben, regelt die Bauvorlagenverordnung. Die Gemeinde, die nicht Bauaufsichtsbehörde ist, hat den Bauantrag nach § 69 Abs. 1 NBauO innerhalb von einer Woche an die Bauaufsichtsbehörde weiterzuleiten. Für die Bauvoranfrage gelten diese Regelungen nach § 73 Abs. 1 S. 1, Abs. 2 NBauO sinngemäß. 16

C. GENEHMIGUNGSVORBEHALT

Die Landesbauordnungen als spezialrechtliche Normen des zum besonderen Verwaltungsrecht gehörenden Gefahrenabwehrrechts haben an der MBO orientiert ein System entwickelt, wonach abgestuft eine präventive Kontrolle von Bebauungsvorgängen zu bewerkstelligen ist. Leitlinie war hier sicherzustellen, dass einerseits öffentlich-rechtliche Sicherheitsvorstellungen und weitere öffentlich-rechtliche Anforderungen (z. B. das Planungsrecht der Gemeinde) eingehalten werden und dass andererseits im Hinblick auf die Eigentümerinteressen und auf das in zunehmendem Maße gestiegene Interesse an einer Deregulierung (weniger Staat) unnötige Genehmigungshürden abzubauen sind. 17

Im Kern dieser Überlegung enthalten die Landesbauordnungen als zentrales präventives Element den *Genehmigungsvorbehalt* von *baulichen Anlagen*, der in Niedersachsen in § 59 Abs. 1 NBauO geregelt ist. Quasi im Mittelpunkt dieser Betrachtung steht zunächst die *bauliche Anlage*. Diesem Begriff kommt nach allen Landesbauordnungen eine besondere Bedeutung zu. Nach der MBO werden die Tatbestände der baulichen Anlage in § 2 Abs. 1 – wie nahezu deckungsgleich in den Ländern – normiert. 18

Eine bauliche Anlage ist danach: 19

- aus Bauprodukten (technisch näher in den Bauordnungen beschrieben) gebaut
- auf dem Erdboden ruhend

Hergestellt bedeutet, dass es sich um gebaute, also künstlich – von Menschenhand – geschaffene Anlagen handeln muss, sodass naturbelassene bzw. natürlich gewachsene keine baulichen Anlagen i. S. d. § 2 Abs. 1 S. 1 NBauO sind, wohl aber i. S. d. § 2 Abs. 1 S. 2 NBauO sein können. Bauprodukte sind in § 2 Abs. 14 NBauO definiert. Baustoffe und Bauteile sind dann Bauprodukte, wenn sie hergestellt werden, um dauerhaft in bauliche Anlagen eingebaut zu werden. Ob sie verwendet werden dürfen, richtet sich nach §§ 17 – 20 NBauO. Keine bauliche Anlagen i. S. d. § 2 Abs. 1 S. 1 NBauO (wohl aber u. U. i. S. d. § 2 Abs. 1 S. 2Nr. 5 NBauO) sind daher aus Fahrzeugteilen bestehende Gebilde. Die Anlage muss entweder „mit dem Erdboden verbunden" sein oder „auf ihm ruhen". Für die Verbindung mit dem Erdboden sind im Allgemeinen drei Konstellationen denkbar: 20

- Die Anlage hat ein Fundament.
- Die Anlage ist wie ein Mast oder ein Zelt verankert. Eine Uferbefestigung einer schwimmenden Anlage stellt ebenfalls eine solche Verbindung dar.
- Die Anlage ist ganz oder Teilweise in den Erdboden versenkt.

21 Grundsätzlich muss die Verbundenheit mit dem Erdboden unmittelbar sein. Anlagen, die auf bauliche Anlagen gesetzt werden, sind daher keine selbstständigen baulichen Anlagen, sondern nur deren Teile. Ausnahmsweise kann eine selbstständige bauliche Anlage angenommen werden, wenn sie ohne Weiteres auch auf den flachen Boden gesetzt werden kann.[5]

22 Die bauliche Anlage muss alternativ dazu auf dem Erdboden ruhen, was der Fall ist, wenn sie kraft ihrer Schwere mit dem Erdboden verbunden ist. Allerdings ist eine gewisse Schwere und Unbeweglichkeit erforderlich, sodass kleinere Gegenstände, die sich nämlich von einem oder zwei Menschen wegtragen lassen, keine baulichen Anlagen sind. So scheiden im Freien aufgestellte Möbel, leichte Geräte und funktionsfähige Fahrzeuge aus.

23 Unter den Begriff der baulichen Anlage i. S. d. § 2 Abs. 1 NBauO sind viel mehr Sachverhalte zu subsumieren, als man sich nach dessen Wortlaut vorstellen würde. Es muss nämlich nicht zwingend etwas „Gebautes" sein, denn § 2 Abs. 1 S. 2 NBauO erweitert den Begriff z. B. um Lagerplätze. Die reine Flächennutzung für Brennholz, Leergutkisten oder Stroh stellt so bereits eine bauliche Anlage dar. Die weite Begriffsausdehnung dient der Steuerung sozialer oder baukultureller Auswirkungen, was allgemein in § 3 NBauO geregelt ist. So dürfen von baulichen Anlagen z. B. keine unzumutbaren Belästigungen ausgehen, und sie dürfen nicht verunstaltend wirken. Um folgende Anlagen erweitert § 2 Abs. 1 S. 2 NBauO den Begriff der baulichen Anlage:

24 Nr. 1 Ortsfeste Feuerstätten

Feuerstätten sind nach § 2 Abs. 11 NBauO solche Anlagen, die der Wärmeerzeugung durch Verbrennung dienen. Sie sind außerdem gekennzeichnet durch eine ortsfeste Nutzung, sodass transportable Öfen oder Grillplätze keine Feuerstätten in diesem Sinne sind, wenn sie an verschiedenen Orten genutzt werden sollen.

25 Nr. 2 Werbeanlagen

§ 50 NBauO definiert die Werbeanlagen und regelt ihre Zulässigkeit. Erfasst sind nur Anlagen der Wirtschaftswerbung, die sich also auf Gewerbe oder Berufe beziehen. Werben bedeutet ankündigen, anpreisen oder hinweisen.

26 Nr. 3 Warenautomaten, die von einer allgemein zugänglichen Verkehrs- oder Grünfläche aus sichtbar sind

Warenautomaten sind Geräte, die nach Bargeld oder Kartenzahlung selbstständig Produkte abgeben.

27 Nr. 4 Aufschüttungen, Abgrabungen und künstliche Hohlräume unterhalb der Erdoberfläche

5 Umstritten, vgl. hierzu und zum Streitstand Große-Suchsdorf, § 2 Rn. 7.

Bauliche Anlagen i. S. v. Nr. 4 sind alle Veränderungen der Geländeoberfläche, also nicht nur Dämme, Gräben und Tunnel, sondern auch das Einebnen von Gelände. Unerheblich ist, ob die Veränderung nur vorübergehend erfolgt.[6]

Nr. 5 Anlagen, die auf ortsfesten Bahnen begrenzt beweglich sind oder dazu bestimmt sind, vorwiegend ortsfest benutzt zu werden 28

Beispiele für bauliche Anlagen i. S. v. Nr. 5 sind verschiebbare Hallen und Waschanlagen. Die Variante der vorwiegend ortsfesten Nutzung erfasst Fahrzeuge, die als Ersatz für ein Gebäude dienen, sodass eine erkennbar verfestigte Beziehung zwischen Fahrzeug und Grundstück besteht.[7]Beispiele sind Wohnwagen, Verkaufswagen und auch Wasserfahrzeuge.

Nr. 6 Gerüste 29

Unter Gerüste sind Baugerüste zu verstehen, sodass vorgefertigte Baugerüstteile Bauprodukte i. S. d. § 2 Abs. 14 NBauO sind.

Nr. 7 Fahrradabstellanlagen 30

Die Erweiterung über Nr. 7 führt dazu, dass auch Fahrradständer bauliche Anlagen sind, wenn sie nicht fest mit dem Erdboden verbunden sind.

Nr. 8 Lagerplätze, Abstell- und Ausstellungsplätze 31

Sobald eine Freifläche mehr als nur für kurze Zeit zum Lagern, Abstellen oder Ausstellen von Gegenständen genutzt wird, handelt es sich um eine bauliche Anlage in diesem Sinne.

Nr. 9 Stellplätze 32

Stellplätze sind in § 2 Abs. 9 S. 1 NBauO definiert. Sie sind dadurch gekennzeichnet, dass auf ihnen Kraftfahrzeuge im Freien abgestellt werden sollen. Regelungen zur Zulässigkeit und zur Pflicht zur Anlage sind in §§ 46 und 47 NBauO geregelt. §§ 47 Abs. 1 S. 1 HS 2, 84 Abs. 1 Nr. 2 NBauO ermächtigen die Gemeinden allerdings, eine von § 47 NBauO abweichende Regelung in örtlichen Bauvorschriften festzusetzen, die dann maßgeblich ist. So können dann weniger Einstellplätze als nach § 47 Abs. 1 S. 1 HS 1 NBauO erforderlich festgesetzt werden, nicht jedoch in höherer Anzahl, weil das gegen das Übermaßverbot verstoßen und so die Grundstückseigentümer zu stark belasten würde.[8] Die planungsrechtliche Zulässigkeit von Stellplätzen ist in § 12 BauNVO geregelt.

Nr. 10 Camping- und Wochenendplätze 33

Mit dem Begriff des Campingplatzes sind auch Zeltplätze gemeint. Freie Standplätze erfüllen den Tatbestand der Nr. 10. [9]

---

6 Große-Suchsdorf, § 2 Rn. 16. Nach a. A. ist eine dauerhafte Veränderung erforderlich, ebenda m. w. N.

7 Große-Suchsdorf, § 2 Rn. 19.

8 Große-Suchsdorf, § 84 Rn. 17.

9 Zum Verhältnis der Begriffsbestimmung in der Campingplatzverordnung (CPI-Woch-VO) siehe Große-Suchsdorf, § 2 Rn. 28.

34 Nr. 11 Spiel- und Sportplätze

Neben beispielsweise Golf-, Tennis- und Minigolfplätzen zählen hierzu auch Flächen, die für den Betrieb von Modellflugzeugen errichtet werden.

35 Nr. 12 Freizeit- und Vergnügungsparks

Freizeit- und Vergnügungsparks sind größere Ausflugs- und Vergnügungsstätten mit in der Regel kommerziellen Freizeitangeboten, die eine gewisse organisatorische Verbindung haben, wie z. B. ein Zoo. Die bloße Ansammlung verschiedener Sportstätten ist kein Freizeitpark, wenn nicht für den Besucher gleichzeitig eine solche organisatorische Zusammenfassung und ein in sich geschlossenes Vergnügungskonzept erkennbar ist.

36 Nr. 13 Sonstige Anlagen, die einen Zu- und Abgangsverkehr mit Kraftfahrzeugen erwarten lassen

Nach dieser allgemeinen Vorschrift sind alle Flächen, die auf längere Zeit oder wiederkehrend für einen bestimmten Zweck genutzt werden, wie Festzelte, Liegewiesen, Flohmärkte, Gartenanlagen oder Friedhöfe, dann bauliche Anlagen, wenn sie Kfz-Verkehr anziehen.

37 Nach dem in § 59 Abs. 1 NBauO geregelten *Genehmigungsvorbehalt* sind grundsätzlich Baumaßnahmen, also gemäß § 2 Abs. 13 NBauO

> die **Errichtung,**
> die **Änderung,**
> der **Abbruch,**
> die **Beseitigung,**
> die **Nutzungsänderung** und
> die **Instandhaltung**

von *baulichen Anlagen* genehmigungspflichtig.

38 Durch Ausschlüsse, die die Landesbauordnungen vorsehen, sind Baumaßnahmen, die auf anderem Wege einer gefahrenabwehrrechtlichen Kontrolle unterzogen werden oder im Rahmen anderer Verfahren zu prüfen sind (z. B. nach dem Bundes-Immissionsschutzgesetz), von dieser allgemeinen Genehmigungspflicht ausgenommen.

39 Der Genehmigungsvorbehalt ist in den Landesbauordnungen und so in Niedersachen in § 80 Abs. 1 Nr. 10 NBauO in der Regel mit der Ahndung als Ordnungswidrigkeit bewehrt. Anders ausgedrückt verbieten die Landesbauordnungen jedwedes „Bauen“ ohne Genehmigung durch die Bauaufsichtsbehörde.

40 Im Gegenzug schreiben die Landesbauordnungen vor, unter welchen Umständen im Rahmen der gebundenen Verwaltung nach durchlaufendem Verfahren eine Baugenehmigung zu erteilen ist. Nach der NBauO (§ 70 Abs. 1 S. 1) lautet diese materielle Anspruchsnorm:

„Die Baugenehmigung ist zu erteilen, wenn die Baumaßnahme, soweit sie genehmigungsbedürftig ist und soweit eine Prüfung erforderlich ist, dem öffentlichen Baurecht entspricht." 41

Was unter öffentlichem Baurecht zu verstehen ist, regelt § 2 Abs. 17 NBauO. Es sind 42 die Vorschriften der NBauO, Vorschriften aufgrund der NBauO sowie das städtebauliche Planungsrecht und die sonstigen Vorschriften des öffentlichen Rechts, die Anforderungen an bauliche Anlagen, Bauprodukte oder Baumaßnahmen stellen oder die Bebaubarkeit von Grundstücken regeln. Deutlich wird hier, und damit wird der rein gefahrenabwehrrechtliche Kern des baurechtlichen Genehmigungsvorgangs transparent, dass privates Recht oder jedwede privatrechtliche Rechtsbeziehungen im Rahmen des Genehmigungsvorgangs keine Rolle spielen. In manchen Bauordnungen lautet es daher bis heute, dass eine Baugenehmigung *unbeschadet der Rechter Dritter erteilt wird.* Dies bedeutet, dass die Erteilung einer Baugenehmigung neben der Feststellung der Vereinbarkeit mit dem öffentlichen (Bau-)Recht keine weitere legalisierende oder regelnde Funktion gegenüber privaten Rechtsbeziehungen entwickelt. Hiervon erfasst sind über die baurechtlichen Vorschriften hinaus alle öffentlich-rechtlichen Vorschriften, die Vorgaben für eine Baumaßnahme oder eine bauliche Anlage regeln. Es handelt sich um das sog. Baunebenrecht, das in zahlreichen Gesetzen und Verordnungen geregelt ist. So gewährleistet eine Baugenehmigung auch, dass z. B. Vorgaben des Umwelt- und Immissionsschutzes (z. B. UVPG, §§ 17 ff, 24 ff. NNatG, NWaldLG, BBodSchG, BImSchG), des Gewerbe- und Arbeitsschutzes (z. B. ArbSchG, ArbStättV, BetrSichV) und des Denkmalschutzes (NDSchG) oder aus Straßengesetzen (§§ 9 f. FStrG, §§ 24 ff. NStrG) eingehalten werden, weshalb im Genehmigungsverfahren viele Fachbehörden zu beteiligen sind. Alle privatrechtlichen Rechtsbeziehungen bleiben jedoch unberührt. Einem Mieter ermöglicht die Baugenehmigung somit nicht die Baumaßnahme, wenn der Eigentümer nicht einwilligt. Dem Erben ist es nicht möglich, mit einer Baugenehmigung ein Grundstück zu bebauen, wenn der Erblasser verfügt hat, dass die Fläche unbebaut bleiben muss. Eine Baugenehmigung ist in ihrer Wirkung also nicht dazu imstande, sich über privatrechtliche Ansprüche und Rechtsbeziehungen hinwegzusetzen.

I. Rechtsnatur der Baugenehmigung

Die Baugenehmigung ist ein Verwaltungsakt (VA) i. S. v. § 35 S. 1 VwVfG. Nach dem oben 43 beschriebenen Inhalt und Zweck ist die Baugenehmigung in ihrem Charakter wie folgt einzuordnen:

feststellender VA: Die Baugenehmigung setzt sich mit der *Feststellung* der Vereinbarkeit 44 der Baumaßnahme mit dem in die Prüfung einzubeziehenden öffentlichen Recht auseinander.

gestaltender VA: Mit der Genehmigung wird die beantragte Baumaßnahme zur 45 Bebauung freigegeben.

46 gebundener VA: Die Genehmigungsnormen der Landesbauordnungen begründen bei Einhaltung der Genehmigungsvoraussetzungen einen Genehmigungsanspruch.

47 mitwirkungsbedürftiger VA: Die Landesbauordnungen setzen für eine Genehmigung voraus, dass ein Antrag zur Bebauung gestellt wird.

48 formbedürftiger VA: Für die Baugenehmigung selbst ist nach den Landesbauordnungen die Schriftform vorgesehen.

49 VA mit Drittwirkung: In ihrem feststellenden Teil wirkt die Baugenehmigung mitunter auch gegen Eigentümer benachbarter Grundstücke, insbesondere wenn Ausnahmen oder Befreiungen von Vorschriften erteilt werden, die auch subjektive Rechte von Nachbarn begründen.

50 sachbezogener VA: Eine Baugenehmigung ist sach- oder auch objektbezogen. In den Landesbauordnungen wird die Formulierung verwendet, dass die erteilte Baugenehmigung auch für und gegen die Rechtsnachfolger wirkt. Die Baugenehmigung ist daher nicht an die Person des Antragstellers gebunden, sondern haftet an dem Grundstück und trifft seine Feststellung unabhängig vom gegenwärtigen Eigentümer.

II. Wirkung der Baugenehmigung

51 In ihrer Wirkung ist die Baugenehmigung zu unterscheiden in einen

feststellenden Teil und einen
verfügenden Teil.

52 Mit ihrer *feststellenden* Wirkung erzeugt die Baugenehmigung die Legalisierung der beantragten und genehmigungsbedürftigen Bebauung, die es nach dem beschriebenen Genehmigungsvorbehalt auch zu erreichen gilt. Diese Wirkung ist nach dem Vollzug der Genehmigung, also nach der entsprechend der Genehmigung erfolgten Bebauung, dauerhaft. Es handelt sich sodann um Eigentum, das nach den Grundsätzen des Rechts auf Eigentum auch geschützt ist.

53 Hinsichtlich des *verfügenden* Teils gibt die Baugenehmigung die beantragte Baumaßnahme zur Ausführung – zur Bebauung – frei. Mit der erteilten Genehmigung ist der Bauherr in den Stand versetzt, selbstständig zu entscheiden, wann er mit der Bauausführung beginnen möchte. Dieser verfügende Teil der Baugenehmigung ist nach den Landesbauordnungen jedoch zeitlich begrenzt, und zwar grundsätzlich auf drei Jahre (§ 71 S. 1 NBauO). Innerhalb von drei Jahren nach Erteilung der Baugenehmigung hat der Bauherr somit das Recht, die mit dem feststellenden Teil der Genehmigung erzeugte eigentumskräftige Position auszuüben. Verstreicht die Frist der Wirkung des verfügenden Teils der Genehmigung, so kann auch der feststellende Teil der Genehmigung für eine beantragte, aber noch nicht ausgeführte Bebauung keine Wirkung erzeugen.

Nach Ablauf der Frist des verfügenden Teils der Genehmigung ist somit eine erneute Genehmigung zu beantragen (§ 71 S. 3 NBauO sieht zudem vor, dass auch gesondert die Verlängerung der Frist des verfügenden Teils vor Ablauf der Frist beantragt und genehmigt werden darf, soweit sich an den Genehmigungstatbeständen bis dahin nichts geändert hat). 54

III. Einschränkungen der Genehmigungspflicht

Die Landesbauordnungen schränken die grundsätzliche Genehmigungspflicht für bauliche Anlagen entsprechend der MBO jedoch abgeschichtet ein. Insbesondere dadurch wird dem beschriebenen Bestreben nach einer Deregulierung des Baurechts Rechnung getragen: 55

Verfahrensfreie Baumaßnahmen 56

Hier nennen die Landesbauordnungen einen Katalog von Baumaßnahmen, die ohne Einhaltung von Verfahrensanforderungen durch den Bauherrn errichtet werden dürfen. In Niedersachsen sind diese Baumaßnahmen in § 60 NBauO geregelt, wo auf den Anhang zu § 60 Abs. 1 NBauO Bezug genommen wird. Obwohl dem Bauherrn abverlangt wird, die Anforderungen des öffentlichen Baurechts einzuhalten, findet keine Überprüfung statt. Es handelt sich bei diesen verfahrensfreien Baumaßnahmen jedoch lediglich um untergeordnete Anlagen (kleinere Nebengebäude, Versorgungsanlagen, Masten, bauliche Anlagen in Gärten zur Freizeitgestaltung etc.), denen gemein ist, dass von ihnen insgesamt im Vertrauen auf ein verantwortungsvolles Handeln des Bauherrn keine nennenswerte Gefahr für die Benutzer ausgehen kann.

Genehmigungsfreie Baumaßnahmen 57

In Niedersachsen regelt § 61 NBauO, dass bestimmte öffentliche Baumaßnahmen keiner Genehmigung durch die Bauaufsichtsbehörde bedürfen. Die jeweils Verantwortlichen haben verbindlich dafür Sorge zu tragen, dass alle Anforderungen des öffentlichen Rechts (Baurechts) eingehalten werden. Den Gemeinden kommt in diesen Verfahren kein Beteiligungsrecht zu, was kritisch gesehen wird.[10]

§ 62 NBauO regelt sonstige genehmigungsfreie Baumaßnahmen wozu Wohngebäude in bestimmten Wohngebieten und sonstige Gebäude der Gebäudeklassen 1 und 2 in Gewerbe- und Industriegebieten zählen. Mit der umstrittenen Erweiterung[11] der genehmigungsfreien Baumaßnahmen wurde die Einteilung in Gebäudeklassen in § 2 Abs. 3 S. 1 NBauO eingeführt. In einer Abstufung werden Gebäude sortiert nach deren Gefahrenpotenzial in fünf Gebäudeklassen eingeteilt, wobei der Gebäudeklasse eins die unbedenklichsten und der Gebäudeklasse fünf die gefährlichsten Gebäude zugeordnet werden. Maßgeblich für diese Einstufung sind die Höhe der Gebäude, die Anzahl der Nutzungseinheiten und auch die 58

[10] Große-Suchsdorf, § 61 Rn. 1.

[11] Vgl. zu den Nachteilen für den Bauherrn und auch für die Nachbarn Große-Suchsdorf, § 61 Rn. 1 ff.

Größe der Nutzungseinheiten. Zu einer Nutzungseinheit werden alle Räume zusammengefasst, die einer bestimmten Nutzung zu dienen bestimmt sind und eine gewisse Abgeschlossenheit gegenüber anderen Nutzungseinheiten aufweisen. So sind z. B. Wohnungen, kleine Läden, kleine Verwaltungseinheiten oder Praxen Nutzungseinheiten. Als Höhe ist nach § 2 Abs. 3 S. 3 NBauO die Fußbodenoberkante des höchstgelegenen Aufenthaltsraums maßgeblich. Für die Berechnung der Grundfläche gelten nach § 2 Abs. 3 S. 5 NBauO die Außenmaße der Geschosse, wobei Keller nicht eingerechnet werden. In folgende Gebäudeklassen wird nach § 2 Abs. 3 S. 1 NBauO eingeteilt:

59 Gebäudeklasse 1

frei stehende Gebäude
- bis 7 m Höhe
- bis zu zwei Nutzungseinheiten
- insgesamt bis 400 m² Grundfläche

frei stehende land- oder forstwirtschaftlich genutzte Gebäude

60 Gebäudeklasse 2

nicht frei stehende Gebäude
- bis 7 m Höhe
- bis zu zwei Nutzungseinheiten
- insgesamt bis 400 m² Grundfläche

61 Gebäudeklasse 3

alle übrigen Gebäude
- bis 7 m Höhe

62 Gebäudeklasse 4

Gebäude
- bis 13 m Höhe
- Nutzungseinheiten nicht größer als 400 m² Grundfläche

63 Gebäudeklasse 5

alle übrigen Gebäude, die in den Klassen 1–4 nicht erfasst sind.

zusätzlich unterirdische Gebäude

Unabhängig von der Einteilung in Gebäudeklassen definiert § 2 Abs. 5 S. 1 und 2 NBauO Sonderbauten, an die wegen ihrer besonderen Art und Nutzung und daraus resultierenden besonderen Gefahren gemäß § 51 NBauO besondere Anforderungen gestellt werden können. Für Sonderbauten ist die Anwendung von § 62 Abs. 1 S. 1 und 2 NBauO gemäß § 62 Abs. 1 S. 3 NBauO ausgeschlossen. Dies gilt gemäß § 62 Abs. 1 S. 4 NBauO ebenfalls für schutzbedürftige Objekte im Achtungsabstand eines Störfallbetriebes.[12] 64

Sind die Anforderungen des § 62 Abs. 1 S. 1 und 2 NBauO erfüllt, bedarf weder die Errichtung noch die Änderung oder Nutzungsänderung einer Baugenehmigung. Durch ein einzuhaltendes Verfahren wird sichergestellt, dass die Baumaßnahmen von verantwortlichen Personen durchgeführt werden, die in § 53 NBauO bestimmte fachliche Voraussetzungen erfüllen müssen (Architekten, Ingenieure, bestimmte Handwerksmeister). Sie sind nach § 53 Abs. 1 S. 1 NBauO für die Einhaltung öffentlich-rechtlicher Anforderungen verantwortlich. Die Gemeinden haben gemäß § 62 Abs. 4 und 5 NBauO ein besonderes Beteiligungsrecht, wodurch die besonderen Belange ihrer Trägerschaft der Planungshoheit berücksichtigt werden. 65

Die materiellen Prüfaufgaben der Bauaufsichtsbehörde werden quasi der Verantwortlichkeit bestimmter Personen übertragen, die für den Bauherrn handeln. Zur Dokumentation ist der Bebauungsvorgang der Bauaufsichtsbehörde anzuzeigen (daher auch die verbreitete Bezeichnung „Anzeigeverfahren"). Aus § 62 Abs. 10 NBauO kann der Bauherr allerdings verlangen, dass ein vereinfachtes Verfahren durchgeführt wird. 66

Vereinfachtes Baugenehmigungsverfahren 67

Auch für in der Prüfungszuständigkeit der Bauaufsichtsbehörde verbleibende Verfahren sehen die Landesbauordnungen Vereinfachungen im Sinne einer Deregulierung vor. Nach § 63 Abs. 1 NBauO ist für alle Baumaßnahmen mit Ausnahme von Sonderbauten i. S. d. § 2 Abs. 5 NBauO im Rahmen des Genehmigungsverfahrens eine Prüfvereinfachung festgelegt. Für diese baulichen Anlagen ist lediglich ein Teil des ansonsten im Genehmigungsverfahren abzuprüfenden öffentlichen Rechts (Baurechts) zu prüfen. Hierzu gehört immer das städtebauliche Planungsrecht, des Weiteren schreibt § 63 Abs. 1 S. 2 Nr. 2 NBauO einzelne Bestandteile landesrechtlicher Anforderungen vor. Ähnlich den *genehmigungsfreien* Baumaßnahmen sind sicherheitsrelevante Anforderungen (z. B. die Statik) von verantwortlichen Personen mit den entsprechenden Eigenschaften zu beachten, sodass auch hier eine Verlagerung von Aufgaben an Private erfolgt.

[12] Nach der Umsetzung der Störfallrichtline Seveso III haben Gebäude mit geringem Abstand zu Störfallbetrieben im Planungs- und Genehmigungsverfahren besondere Vorschriften zu beachten. Für schutzbedürftige Gebäude innerhalb des sogenannten Achtungsabstandes gilt es z.B. im Genehmigungsverfahren eine Öffentlichkeitsbeteiligung nach § 68 NBauO durchzuführen. Eine solche Pflicht besteht nicht, wenn durch ein besonderes Gutachten nachgewiesen wird, dass das Gebäude außerhalb des tatsächlichen Sicherheitsabstandes liegt. Im Einzelfall sind besondere Anordnungen zu treffen. Gebäude innerhalb des Sicherheitsabstandes haben ggf. Vorkehrungen für den Katastrophenfall wie z.b. die automatische Belüftungsabschaltung zu installieren.

68 *Umfängliches Baugenehmigungsverfahren*

Für Sonderbauten i. S. d. § 2 Abs. 5 NBauO findet gemäß § 64 Abs. 1 S. 1 NBauO ein umfängliches Baugenehmigungsverfahren statt, in dem die Vereinbarkeit mit dem gesamten öffentlichen Baurecht mit Ausnahme der Arbeitsstättenverordnung von der Bauaufsichtsbehörde geprüft wird. Die Vereinbarkeit mit den Anforderungen der Arbeitsstättenverordnung wird gemäß § 64 Abs. 1 S. 2 NBauO auf Verlangen der Bauherrin oder des Bauherren ebenfalls geprüft.

69 *Alternative* Verfahren

Für die in §§ 74 und 75 NBauO genannten Baumaßnahmen sind statt eines Baugenehmigungsverfahrens alternative Verfahren vorgeschrieben. § 74 NBauO betrifft Baumaßnahmen des Bundes oder eines Landes. Nach § 74 Abs. 1 S. 1 NBauO ist in diesen Fällen statt der Baugenehmigung die Zustimmung der obersten Bauaufsichtsbehörde erforderlich. Nach § 74 Abs. 2 NBauO gelten für dieses Zustimmungsverfahren die Vorschriften des Baugenehmigungsverfahrens mit wenigen Ausnahmen sinngemäß. Der Antrag ist anders als der Bauantrag statt bei der Gemeinde bei der obersten Bauaufsichtsbehörde einzureichen. Das Beteiligungsrecht der Gemeinde aus § 36 BauGB bleibt unberührt.

70 Für sog. fliegende Bauten ist anstelle einer Baugenehmigung und sofern sie nicht nach § 75 Abs. 2 S. 3 NBauO genehmigungsfrei sind, gemäß § 75 Abs. 2 S. 1 und 2 NBauO eine Ausführungsgenehmigung erforderlich, und zusätzlich ist ihre Aufstellung der Bauaufsichtsbehörde des Aufstellungsorts nach § 75 Abs. 5 S. 1 NBauO unter Vorlage des sog. Prüfbuchs anzuzeigen. Diese Sonderregelung für z. B. Karussells, Achterbahnen, Zirkus- und Bierzelte entspricht ihrer Atypik, an verschiedenen Orten nur befristet aufgestellt und dann wieder abgebaut zu werden, sodass sie keine feste Beziehung zu einem Grundstück haben. Die Ausführungsgenehmigung stellt nur eine „Grundgenehmigung" dar und stellt lediglich fest, dass die vom Standort unabhängigen Anforderungen des öffentlichen Baurechts eingehalten werden. Ob ein Aufstellungsort nach den örtlichen Gegebenheiten geeignet ist, prüft die Bauaufsichtsbehörde sofort nach Eingang der Anzeige, und sie muss im negativen Fall die Aufstellung nach § 75 Abs. 6 S. 1 NBauO untersagen.

IV. Bauvorbescheid

71 Im Rahmen des Baugenehmigungsverfahrens wird – je nach Verfahrensart – eine mehr oder weniger umfangreiche Prüfung hinsichtlich der Vereinbarkeit der Baumaßnahme mit dem öffentlichen Baurecht vorgenommen. Ein Baugenehmigungsverfahren löst damit ein Verwaltungsverfahren von erheblichem Umfang aus. Entsprechend den Kostenregelungen in den Ländern (Baugebührenordnungen) werden im Baugenehmigungsverfahren in Abhängigkeit vom Umfang der Baumaßnahme mitunter erhebliche Kosten erhoben. Die Kosten werden im Baugenehmigungsverfahren „erfolgsunabhängig" erhoben. Auch ein Baugenehmigungsverfahren, das nicht zum Erfolg – zur Baugenehmigung – führt, löst danach Kosten aus.

Für den Bauherrn besteht somit allein aus Kostengründen ein gesteigertes Interesse daran, gerade in Zweifelsfällen die Möglichkeit zu haben, außerhalb eines Baugenehmigungsverfahrens Einzelfragen zu seiner Bebauungsabsicht zu klären. Oftmals wird es erst danach für ihn interessant und wirtschaftlich kalkulierbar sein, die Planung für sein Bauvorhaben weiter zu betreiben. 72

Die Landesbauordnungen sehen entsprechend diesem berechtigten Anliegen vor, einzelne Fragen, die in einem Baugenehmigungsverfahren zu klären sind, vorab in einem *Bauvorbescheidsverfahren* isoliert verbindlich klären zu können. 73

In Niedersachsen sieht § 73 vor: 74

> *(1) Für eine Baumaßnahme ist auf Antrag (Bauvoranfrage) über einzelne Fragen, über die im Baugenehmigungsverfahren zu entscheiden wäre und die selbstständig beurteilt werden können, durch Bauvorbescheid zu entscheiden. Dies gilt auch für die Frage, ob eine Baumaßnahme nach städtebaulichem Planungsrecht zulässig ist.* 75

> *(2) Der Bauvorbescheid erlischt, wenn nicht innerhalb von drei Jahren nach seiner Erteilung der Bauantrag gestellt wird. Im Übrigen gelten die §§ 67 bis 70 und § 71 Sätze 2 bis 4 sinngemäß.* 76

Damit ist durch diese Norm die Grundlage gelegt, aus dem feststellenden Teil der Baugenehmigung (s. o.) vorab einen Teil herauszulösen und hierüber bereits verbindlich zu entscheiden. Es wird somit durch einen feststellenden VA vorab sektoral über einen im Baugenehmigungsverfahren zu klärenden Belang entschieden. Der Umfang des hierzu notwendigen Verwaltungsverfahrens ist wesentlich geringer als der eines Baugenehmigungsverfahrens, sodass auch entsprechend geringere Kosten für den Bauherrn entstehen. 77

Voraussetzungen: Es muss eine selbstständig beurteilbare Frage zur Grundlage gemacht werden, die ansonsten auch im Rahmen eines Baugenehmigungsverfahrens zu klären wäre. Damit sind die Möglichkeiten, Fragen zu stellen, begrenzt auf einen Kreis von Belangen, die im Rahmen der jeweiligen landesrechtlichenmateriellen Genehmigungsnormen Gegenstand der Prüfung eines Bauantrags sein können. Der der Fragestellung zugrunde liegende Gegenstand muss in sich auch selbstständig prüfbar sein, ohne bereits im Vorwege Abhängigkeiten zu weiteren Belangen hervorzurufen. Beispielsweise kann im Innenbereich die Zulässigkeit nach der Art oder dem Maß der baulichen Nutzung erfragt werden. Auch können Fragen zur Bauweise oder zur Grundstücksfläche, die überbaut werden darf, durch Bauvoranfrage verbindlich geklärt werden. Im vereinfachten Baugenehmigungsverfahren sind nur solche Fragen zulässig, über die nach § 63 Abs. 1 S. 2 NBauO im Baugenehmigungsverfahren zu entscheiden ist. Ein Bauvorbescheid, der die Frage der Zulässigkeit nach städtebaulichem Planungsrecht beurteilt, wird auch als Bebauungsgenehmigung bezeichnet.[13] 78

[13] Große-Suchsdorf, § 73 Rn. 10.

79 Wirkung: Bei dem Bauvorbescheid handelt es sich um einen abgesplitteten Teil der Baugenehmigung. Der Bescheid stellt hierzu einen feststellenden VA dar. Damit entwickelt der Bescheid hinsichtlich des gegenständlichen Belangs, z. B. wie hoch gebaut werden darf, welcher Abstand zu halten ist, eine eigentumskräftige Bindungswirkung. Die hierdurch eingetretene Bindung ist für die Baugenehmigungsbehörde in einem nachfolgenden Baugenehmigungsverfahren auch dann unumstößlich, wenn zwischenzeitlich eine Rechtsänderung eingetreten sein sollte, die bei einer erneuten Prüfung zu einem anderen Ergebnis geführt hätte. Eine erneute Aussage der Bauaufsichtsbehörde zu einer im Wege eines Bauvorbescheidsverfahrens geklärten Frage würde eine wiederholende Aussage ohne eigenständigen Regelungsgehalt darstellen.[14] Die präjudizierende Wirkung des Bauvorbescheids tritt aber nur ein, wenn der konkrete Sachverhalt, der Gegenstand der Anfrage war, deckungsgleich mit dem entsprechenden Belang des nachfolgenden Bauantragsverfahrens ist.

80 Die bindende Wirkung des Bauvorbescheids ist zeitlich begrenzt. Nach § 73 Abs. 2 S. 1 NBauO sind hierzu drei Jahre vorgesehen. Ähnlich den Normen zur zeitlichen Wirkung der Baugenehmigung ist auch für den Bauvorbescheid eine Verlängerungsmöglichkeit vorgesehen. Der Bauvorbescheid wird somit nach Ablauf der zeitlichen Bindungswirkung ungültig und verliert seine Wirkung für ein sich danach anschließendes Baugenehmigungsverfahren.

81 Der Bauvorbescheid entspricht auch ansonsten den für die Baugenehmigung festgestellten Charaktereigenschaften. Die für die Baugenehmigung geltenden Verfahrensvorschriften der §§ 67 – 70 und § 71 S. 2 – 4 NBauO gelten gemäß § 73 Abs. 2 S. 2 NBauO sinngemäß auch für den Bauvorbescheid. Das nachfolgende Netzplanschema über einen beispielhaften Ablauf eines Baugenehmigungsverfahrens kann also auch auf den Bauvorbescheid angewandt werden.

[14] BVerwG, Urteil vom 9. Juli 1982 – 7 C 54.79 –, DVBl. 82 S. 960.

V. Genehmigungsverfahren

Netzplanschema über einen beispielhaften Ablauf eines Baugenehmigungsverfahrens (nach niedersächsischem Landesbaurecht) 82

§ 67 Abs. 1 NBauO	Der **Antrag** auf Baugenehmigung (Bauantrag) ist **schriftlich** mit allen erforderlichen **Unterlagen** (nach Bauvorlagenverordnung) bei der Gemeinde einzureichen.	83
§ 69 Abs. 1 NBauO	Die Gemeinde hat, wenn sie nicht selbst Bauaufsichtsbehörde ist, den Bauantrag innerhalb von **einer Woche an die Bauaufsichtsbehörde weiterzuleiten.**	84
§ 58 Abs. 1 NBauO	Die Zuständigkeit zur Entscheidung über den Bauantrag liegt bei der Bauaufsichtsbehörde. Zuständigkeiten im Einzelnen: • sachlich § 57 Abs. 1 NBauO • funktional § 58 Abs. 2 NBauO • örtlich § 3 Abs. 1 Nr. 1 VwVfG	85
§ 36 Abs. 1 BauGB	Beteiligung der Gemeinde: Über die Zulässigkeit von Vorhaben nach den §§ 31, 33 – 35 BauGB wird im bauaufsichtlichen Verfahren von der Baugenehmigungsbehörde (Bauaufsichtsbehörde) im Einvernehmen mit der Gemeinde entschieden.	86
§ 69 Abs. 3 NBauO	Beteiligung anderer Behörden (untere Naturschutzbehörde, Brandschutz, Gewerbeaufsicht, Gesundheitsamt etc.)	87
§ 68 Abs. 1 NBauO	Beteiligung von Nachbarn, die in ihren Rechten (z. B. Abstand) betroffen sind (= Grundsatz)	88
§ 68 Abs. 5 NBauO	Veröffentlichungen nach Störfallrecht oder Gutachten	89

VI. Materielle Voraussetzungen

90 **§ 70 Abs. 1 NBauO**

Baugenehmigung ist zu erteilen, wenn die
- **Baumaßnahme** (Definition § 2 Abs. 13 NBauO-
  bauliche Anlage § 2 Abs. 1 NBauO),

soweit sie
- **Genehmigungsbedürftig** (§ 59 Abs. 1 NBauO, Genehmigungsvorbehalt)

ist
  - § 60 genehmigungsfreie Baumaßnahmen (Anhang) – verfahrensfrei –
  - § 61 genehmigungsfreie öffentliche Baumaßnahmen
  - § 62 sonstige genehmigungsfreie Baumaßnahmen
  - § 74 Baumaßnahmen Bund/Land
  - § 75 fliegende Bauten

  und soweit eine Prüfung nicht entfällt, dem
- **Öffentlichen Baurecht** (§ 2 Abs. 17 NBauO i. W. NBauO u. BauGB §§ 29 ff.)
- **Störfallrecht**

entspricht.
- **UVP-pflichtige** Baumaßnahme dürfen keine Schutzgutverletzung hervorrufen.

91 **§ 63 NBauO**

- **Beschränkung auf vereinfachtes Baugenehmigungsverfahren:**

  Errichtung, Änderung oder Nutzungsänderung baulicher Anlagen mit Ausnahme von Sonderbauten i. S. d. § 2 Abs. 5 NBauO

- **Prüfung beschränkt auf:**
  - Planungsrecht §§ 29 ff. BauGB
  - §§ 5–7 NBauO (Abstände), § 33 Abs. 2 S. 3 NBauO (zweiter Rettungsweg) und §§ 47 und 50 NBauO (Stellplätze und Werbeanlagen),
  - sonstige Vorschriften des öffentlichen Baurechts

D. MATERIELLE ANFORDERUNGEN IM BAUGENEHMIGUNGSVERFAHREN

92 Die gesetzlichen Regelungen des Landesbaurechts fassen in der jeweiligen Genehmigungsnorm (s. o.) die Prüfungsbestandteile zusammen, die im Rahmen der Erteilung der Baugenehmigung maßgeblich sind. Ein reduzierter Prüfumfang ist durch das jeweils benannte vereinfachte Verfahren geregelt. Die materiellen Prüfbestandteile lassen sich in zwei große Gruppen unterteilen:

- landesrechtliche Normen (der jeweiligen Landesbauordnungen) sowie weitere Normen des Landesrechts und des weiteren öffentlichen Rechts (Baunebenrecht, siehe Zweiter Teil, I.)
- städtebauliches Planungsrecht mit seinen Zulassungsnormen für Vorhaben

I. Landesrechtliche Normen

Hinsichtlich des materiellen Landesrechts, das in die Baugenehmigungsprüfung einzubeziehen ist, wird der gefahrenabwehrrechtliche Ursprung des Baurechts am deutlichsten. Die wesentlichen Normen, die im Rahmen dieses Prüfkreises von Belang sind, sind technischer Natur und befassen sich insofern auch mit den technischen Anforderungen an die Bebauung. Die Einhaltung dieser Normen, auf die im Einzelnen im Rahmen dieser Abhandlung wegen des überwiegend technischen Bezugs nicht weiter eingegangen wird, entspricht dem Grundauftrag der Landesbauordnungen, für *gesunde Wohn- und Arbeitsverhältnisse* zu sorgen und dabei das Leben, die Gesundheit und die natürlichen Lebensgrundlagen zu beachten, so in Niedersachsen § 3 NBauO. Auf drei Anforderungen, die durch das Landesrecht an bauliche Anlagen geknüpft werden, soll im Rahmen dieser Abhandlung dennoch eingegangen werden. Dieses sind Anforderungen zu: 93

- Baugrundstück
- Abstandsrecht
- Einstellplätzen/Fahrradabstellanlagen

1. Baugrundstück

Die NBauO regelt in § 4 im Wesentlichen die notwendige Zugänglichkeit des Baugrundstücks. Es ist dabei regelungserheblich, dass ein Baugrundstück von einer öffentlichen Straße (durch Widmung, §§ 2, 6 NStrG) aus zugänglich ist und damit jederzeit erreichbar ist. Die Sicherheitserwägung ist hier sehr deutlich, denn es gilt zu gewährleisten, dass ein Grundstück mit der darauf errichteten Bebauung und den sich dann dort aufhaltenden Menschen, insbesondere in Notfällen, über das System öffentlicher Straßen erreichbar ist. Diese Zugänglichkeit des Baugrundstücks wird aus den genannten Erwägungen in den Landesbauordnungen insbesondere auch für sog. Hinterliegergrundstücke geregelt. Flächen zwischen Verkehrsfläche und Grundstück, über die das Baugrundstück zu erreichen ist, müssen danach in der Regel besondere tatsächliche und rechtliche Eigenschaften erfüllen. Sie müssen die tatsächliche Erreichbarkeit gewährleisten und rechtlich den ungehinderten Zugang erlauben. 94

Den Regelungen zum Baugrundstück ist in den Landesbauordnungen zum Teil noch eine rechtliche Definition zum Grundstücksbegriff beigegeben, der auf den Grundstücksbegriff des Bürgerlichen Rechts abstellt, so § 2 Abs. 12 NBauO. Ein Grundstück i. S. d. bürgerlichen Rechts (§ 873 BGB) ist ein sog. Buchgrundstück, also der räumlich abgegrenzte und vermessene Teil der Erdoberfläche, der im Grundbuch auf einem Grundbuchblatt im Bestandsverzeichnis unter einer laufenden Nummer eingetragen ist oder buchfrei ist (§ 3 GBO).[15] Auf diesem Grundstück muss, damit es ein Grundstück i. S. v. § 2 Abs. 12 NBauO 95

[15] BeckOK BGB/H.-W. Eckert, § 873 Rn. 3.

ist, entweder eine Baumaßnahme durchgeführt oder eine bauliche Anlage vorhanden sein. Keine Rolle spielt hierbei, ob diese Nutzung berechtigterweise oder unberechtigt erfolgt, denn die Bauaufsichtsbehörde soll auch unberechtigte Nutzungen überwachen.[16] Werden mehrere Grundstücke durch sog. Vereinigungsbaulast zusammengeführt, gelten sie als ein Grundstück im bauordnungsrechtlichen Sinn. Dies hat z. B. Auswirkungen auf die Grenzabstände (§§ 5 ff. NBauO – Abstandshaltung von den Grenzen des Baugrundstücks) Einstellplätze und Fahrradabstellanlagen (§§ 47 Abs. 4 und 48 Abs. 1 S. 3 NBauO – auf dem Baugrundstück unterzubringen).

2. Abstandsrecht

96 Mit dem Abstandsrecht regeln die Landesbauordnungen entsprechend § 6 MBO mit unterschiedlicher Ausprägung den Umstand, dass zu errichtende Gebäude von einander Abstand halten müssen. In Niedersachsen sind die Grenzabstände in §§ 5–7 NBauO geregelt.

97 Der Zweck dieser landesrechtlichen Regelung ist vielschichtig. Es handelt sich bei diesen Normen nicht nur um Regelungen zur Gefahrenabwehr, sondern auch um sog. drittschützende Normen, die Rechte von Nachbarn gleichsam schützen sollen.

98 Im öffentlichen Interesse liegen: Brandschutz, gesunde Wohn- und Arbeitsverhältnisse (Belüftung, Besonnung, Kleinklima), Rettungswege

99 Im privaten Interesse liegen: Einhaltung der Privatsphäre (Schutz vor fremder Einsicht), Schutz vor Verschattung

100 Hinsichtlich des beschriebenen Zwecks der Normen ist eine klare Trennung nach öffentlichem und privatem Interesse jedoch nicht vorgesehen. Mitunter steht ein zu erreichender Zweck gleichsam im öffentlichen und im privaten Interesse. So haben Grundstückseigentümer ein berechtigtes Interesse daran, nicht durch die Errichtung benachbarter Gebäude auf ihren Grundstücken (Terrassen) oder auch in den Aufenthaltsräumen der Gebäude Verschattungen hinnehmen zu müssen. Gleichsam stellt es einen öffentlichen Belang dar, dass Menschen in ihrer Lebens- und Arbeitsumgebung, insbesondere in den Wohnstätten, mit genügend natürlichem Licht versorgt werden. Nachweislich trägt es zum Wohlbefinden des Menschen bei, dass er mit ausreichendem Sonnenlicht versorgt wird. Dieser Umstand der sicherzustellenden Volksgesundheit hat zu Beginn des letzten Jahrhunderts – unter dem Eindruck der damals zum Teil desolaten Wohnverhältnisse der Arbeiterbevölkerung wegen dunkler und schlecht belüfteter Bebauung – zu einem Umdenken geführt.

101 MBO und Landesbauordnungen regeln unterschiedlich, wie das anzustrebende Ziel, dass Gebäude von einander Abstand halten, zu erreichen ist. Gemeinsam haben die Regelungen, dass nur Gebäude und diesen in der Wirkung gleich stehende Baukörper in den Schutz und die Pflicht dieser Normen einzubeziehen sind. Was ein Gebäude ist, ist in § 2 Abs. 2 NBauO

[16] Hierzu und zum folgenden: BeckOK BauordnungsR Nds/Spannowsky NBauO, § 2 Rn. 109 f.

geregelt. Ein entscheidendes Merkmal ist, dass die Anlage von Menschen betreten werden kann. Das ist der Fall, wenn ein erwachsener Mensch normaler Größe aufrecht hineingehen kann, sodass z. B. Kleintierställe keine Gebäude sind.

Nach § 6 Abs. 1 MBO ist Regelungsgehalt des Abstands die vor den *Außenwänden* von Gebäuden einzuhaltende Freifläche, die frei von Bebauung sein muss (Abstandsfläche). In den Landesbauordnungen (z. B. § 5 Abs. 1 NBauO) ist Regelungsgehalt, dass zwischen Gebäuden und *Grundstücksgrenzen* ein Abstand zu halten ist, der frei von Bebauung sein muss (Abstandsflächen). Ergänzend dazu regelt die NBauO im § 7 NBauO, dass mehrere Gebäude auf demselben Grundstück in der gleichen Weise natürlich auch von einander Abstand halten müssen. 102

Allen Regelungen gemein ist, dass ein einzuhaltender Abstand entsprechend dem Verhältnis zur Gebäudehöhe einzuhalten ist. Dieser errechnete Abstand darf jedoch nicht geringer als drei Meter sein (§ 5 Abs. 2 S. 1 NBauO, *Mindestabstand*). 103

Skizzen zum Abstand: 104

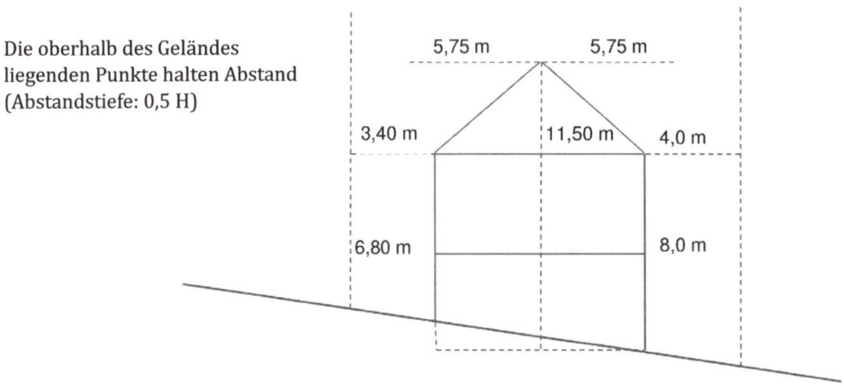

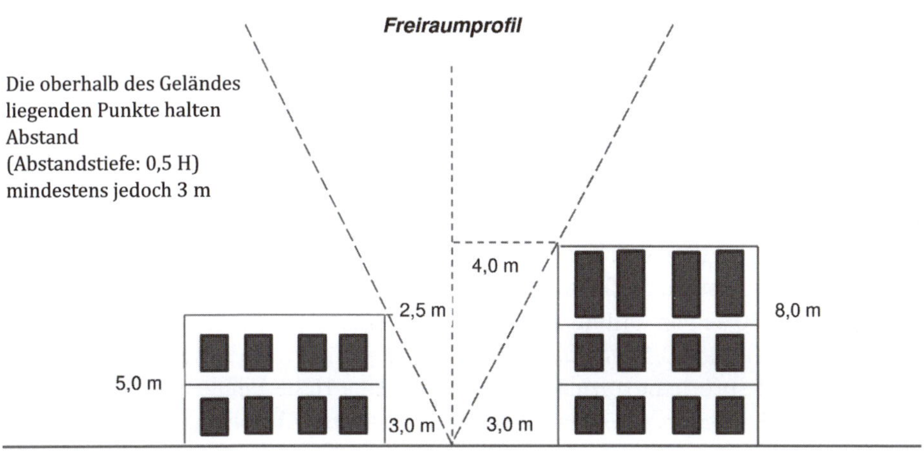

Indem beide Grundstücksnachbarn den Grenzabstand einhalten, ergibt sich das die Belichtung bestimmende **Freiraumprofil**, das eine bestimmte Wohnqualität (Licht, Luft, Sonne) gewährleistet.

Durch die Pflicht zur Einhaltung des **Mindestabstands** von einheitlich 3 m wird erreicht, dass auch niedrige Gebäude ausreichend Abstand halten. – Bei einer Traufhöhe von 3 m ist bei einer Abstandstiefe von H × 0,5 statt der zu errechnenden 1,5 m ein Mindestabstand von 3 m zu halten

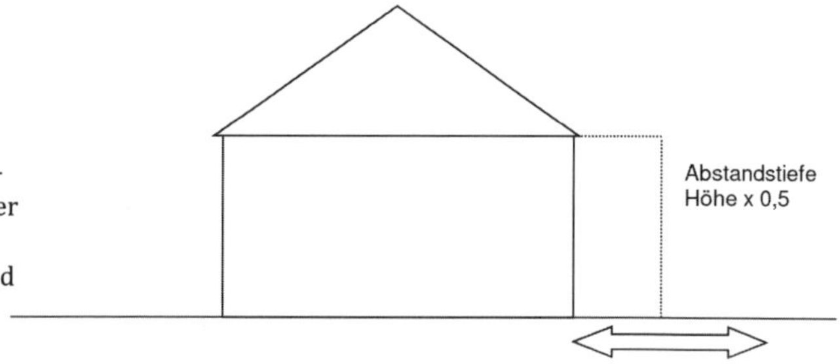

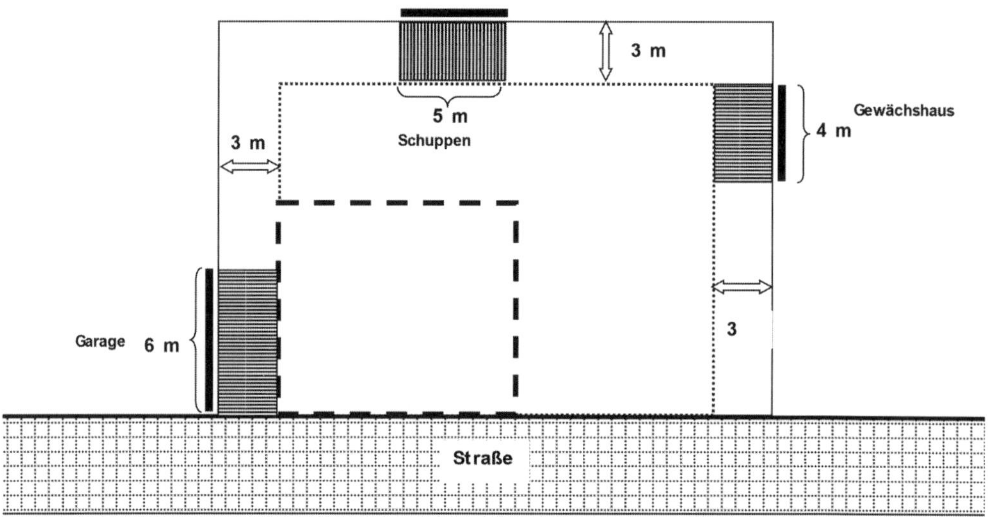

Garagen, Gebäude ohne Aufenthaltsräume und Feuerstätten sind nach § 5 Abs. 8 S. 2 Nr. 1 NBauO von der Abstandspflicht befreit. Beispiele für Gebäude ohne Aufenthaltsräume sind kleine Gartenhäuschen, Schuppen für Gartengeräte, Gewächshäuser, Kleintierställe und technische Gebäude wie Verteilerhäuschen.

Nach § 5 Abs. 8 S. 3 NBauO gilt diese Ausnahme vom Mindestabstand jedoch maximal auf einer Gesamtlänge von 9 m je Grundstücksgrenze und auf insgesamt maximal 15 m aller Grenzen eines Baugrundstücks.

105 Nach den Landesbauordnungen ist das Maß der einzuhaltenden Abstandstiefe unterschiedlich geregelt. Nach der MBO ist ein Trend vorgegeben, der nach und nach von den Landesbauordnungen übernommen wird (zur weiteren Entwicklung).[17] Bauplanungsrechtliche Abstandsflächenregelungen gehen unter Einhaltung der Voraussetzungen des § 5 Abs. 5 NBauO den bauordnungsrechtlichen Vorgaben vor. Das bauordnungsrechtliche Maß ist nach der MBO mit 0,4 der Höhe festgelegt, wobei in Gewerbe- und Industriegebieten, wo Wohnungen entsprechend unzulässig sind, nur 0,2 der Höhe, mindestens aber drei Meter einzuhalten sind. In Niedersachsen ist im Vergleich dazu eine Abstandstiefe von einer halben

[17] Boeddinghaus, Die Entwicklung des Abstandsrechts in den Landesbauordnungen in den Jahren 2002 bis 2006, BauR 2006, S. 1248. Zu den letzten Änderungen des Abstandsflächenrechts in der MBO 2012, die dem Bauplanungsrecht den Vorrang für Abstandsflächenregelungen einräumte, siehe Boeddinghaus, ZfBR 2014, S. 731.

Höhe (§ 5 Abs. 2 S. 1 NBauO) einzuhalten. Auch diese Regelung gibt vor, dass bei dieser Berechnung kein geringerer Abstand als drei Meter festgelegt werden darf (Mindestabstand).

Die Normen zum einzuhaltenden Abstand werden ergänzt durch Vorschriften zum Umgang 106
mit untergeordneten Gebäudeteilen. Weiterhin sind Regelungen getroffen für bauliche Anlagen, die entgegen dem jeweils beschriebenen Grundsatz keinen Abstand halten müssen und sogar unmittelbar an die Grundstücksgrenze gebaut werden dürfen (u. a. Grenzgaragen, z. B. § 5 Abs. 8 S. 2 NBauO). Für bestimmte Gebäude und insbesondere Garagen ist hiernach festgelegt, dass diese unter Einhaltung bestimmter Höchstmaße ohne Abstand und direkt an der Grenze zum Nachbarn errichtet werden dürfen (z. B. Niedersachsen, § 5 Abs. 8 S. 2, 3 NBauO: nicht höher als drei Meter auf einer Länge bis neun Meter).

Allen Regelungen gemein ist zudem, dass bei der Bemessung der Abstandsflächen 107
grundsätzlich nur die Fläche des Baugrundstücks in Betracht kommt. Lediglich Flächen von öffentlichen Verkehrsanlagen dürfen bis zur Hälfte (Mittellinie) hinzugerechnet werden (§ 6 Abs. 1 NBauO). Es ist aber auch verbreitet, dass durch eine öffentliche-rechtliche Sicherung (Baulast) nachbarliche Flächen als Abstandsfläche genutzt werden dürfen (siehe hierzu auch: *Bauweise, überbaubare Grundstücksfläche* – bauliche Anlagen, die nach Landesrecht in den Abstandsflächen zugelassen werden dürfen oder zulässig sind).

3. Einstellplätze

MBO und Landesbauordnungen setzen sich unter einem besonderen Blickwinkel mit Pkw- 108
Stellplätzen bzw. Garagen auseinander. Es geht hierbei um sog. *notwendige Stellplätze.* Die Notwendigkeit in diesem Sinne ergibt sich daraus, dass Bebauung einen Zu- und Abgangsverkehr mit Pkws erwarten lässt. Je nach Umfang der Bebauung und Art der Nutzung ist von einer mehr oder weniger feststehenden Anzahl von Stellplätzen auszugehen, die notwendig sind, um diese Fahrzeuge abstellen zu können. Vom Grundsatz her liegt in diesem Umstand ein gefahrenabwehrrechtlicher Bezug, weil dadurch an die Belange der *Sicherheit und Leichtigkeit des Straßenverkehrs* angeknüpft wird. Es ist insofern ein öffentlicher Belang, dass für nutzungsbedingt abgestellte Fahrzeuge Abstellmöglichkeiten außerhalb öffentlicher Verkehrsflächen geschaffen werden, um eine Beeinträchtigung des Straßenverkehrs zu vermeiden.

Dieser Belang ist von den Landesgesetzgebern in den Landesbauordnungen unterschiedlich 109
aufgegriffen worden. Die MBO gibt im § 49 vor, dass notwendige Stellplätze auf den Baugrundstücken zu schaffen sind. In Niedersachsen befindet sich die entsprechende Regelung in § 47 NBauO. Sie lässt wie die MBO als weitere Möglichkeit zu, dass öffentlich-rechtlich gesichert (Baulast) Stellplätze auch in zumutbarer Entfernung bereitgehalten werden dürfen. Weiterhin ist danach die Möglichkeit vorgesehen, durch einen Geldbetrag die Pflicht zur Herstellung notwendiger Stellplätze abzulösen, wobei der an die Gemeinde zu entrichtende Betrag zweckgebunden für Verkehrsbelange einzusetzen ist. Neben dieser grundsätzlichen Regelung, wonach Stellplätze in ausreichender Zahl – meist durch

Verwaltungsvorschrift ausgelegt[18] – zur Verfügung zu stellen sind, verlagern manche Landesbauordnungen diesen Regelungsgegenstand als Angebot in das Satzungsrecht der Gemeinde, die dann örtlich Verpflichtungen zur Errichtung notwendiger Stellplätze nach den jeweiligen kommunalen Gesichtspunkten regeln dürfen, § 47 Abs. 1 S. 1 HS 2., § 84 Abs. 1 Nr. 2 NBauO. Es gibt aber auch Länder, die hier grundsätzlich „auf den Markt vertrauen". Berlin regelt so im § 49 BauOBln lediglich, dass Stellplätze für Behinderte bereitgehalten werden müssen. Hinsichtlich der übrigen Bebauung wird offenbar darauf vertraut, dass zu marktüblichen Konditionen nutzungsadäquat auch Stellplätze erwartet und gebaut werden. Weiterhin mag eine Verknappung von Stellplätzen bei gleichzeitig vorhandenen guten ÖPNV-Bedingungen zu einer Reduzierung von Pkws führen, was aus Sicht der Belange des Umweltschutzes zu begrüßen ist. Einschränkungen der Stellplatzpflicht können sich im Einzelfall aus einer örtlichen Bauvorschrift i.S.d. § 84 Abs. 2 NBauO oder durch eine Reglung im Bebauungsplan auf der Grundlage des § 12 Abs. 6 BauNVO ergeben. Außerdem ist es möglich, durch sog. Ablösung die Stellplatzpflicht zu ersetzen. In diesem Fall zahlt der Bauherr in Anwendung von § 47 Abs. 5 – 7 NBauO einen bestimmten Geldbetrag, den die Gemeinde für Parkeinrichtungen für Pkws für Abstelleinrichtungen für Fahrräder, für Fahrradwege oder Anlagen und Einrichtungen für den öffentlichen Personennahverkehr oder sonstige den Bedarf an Einstellplätzen verringernden Anlagen und Einrichtungen verwenden muss.

4. Abweichungen (Ausnahmen, Befreiungen)

110 Entsprechend § 67 MBO enthalten die Landesbauordnungen Ermessensregelungen (in Niedersachsen § 66 NBauO) die es im Einzelfall der Bauaufsichtsbehörde ermöglichen, in einem abgewogenen Entscheidungsprozess von den landesrechtlichen Normen und den aufgrund der landesrechtlichen Normen ergangenen Vorschriften Abweichungen zuzulassen. In diesen Abwägungsprozess einzustellen sind durch die Bauaufsichtsbehörde die Ausnahme begründenden Tatsachen, also der Zweck des Abweichungsbegehrens und die gegenüber stehenden öffentlichen Belange und die schutzberechtigten nachbarlichen Belange.

5. Baulasten

111 Rechtliche Hindernisse einer Bebauung können auch dadurch aus dem Weg geräumt werden, dass ein Grundstückseigentümer seine Eigentümerbefugnisse verbindlich durch eine Baulast nach § 81 Abs. 1 S. 1 NBauO einschränkt. Die Baulast belegt ein Grundstück mit einer öffentlich-(bau-)rechtlichen Verpflichtung zu einem Tun, Dulden oder Unterlassen des jeweiligen Eigentümers, und zwar gemäß § 81 Abs. 1 S. 2 NBauO auf Dauer, also auch gegenüber den Rechtsnachfolgern (Grundstückskäufern, Erben). Sie erfolgt nach § 81 Abs. 2 NBauO durch schriftliche Erklärung mit beglaubigter oder vor der Bauaufsichtsbehörde geleisteter Unterschrift und wird gemäß § 81 Abs. 1 S. 2 NBauO mit Eintragung in das sog. Baulastenverzeichnis wirksam. Sie kann nach § 81 Abs. 3 S. 1 NBauO nur wieder gelöscht werden, wenn ein öffentliches und privates Interesse an der Baulast nicht mehr bestehen. Beispiele für Baulasten sind:

[18] RdErl. d. MU v. 16.12.2019 – 63-24 156/3-1 – VORIS 21072 –Fundstelle: Nds. MBl. 2020 Nr. 1, S. 24.

Begünstigtes Grundstück	Belastetes Grundstück	112
Einem Grundstück mangelt es an der nach § 4 Abs. 1 NBauO erforderlichen Zugänglichkeit.	Sicherung der Zugänglichkeit über ein Nachbargrundstück (Wegerecht) durch Baulast (§ 4 Abs. 2 NBauO)	
Ein Grundstück ist zu klein für eine Bebauung.	Vereinigung mit angrenzenden Grundstücken durch Baulast, Vereinigungsbaulast (§ 2 Abs. 12 NBauO)	
Auf einem Grundstück reicht der Platz nicht zur Unterbringung der notwendigen Pkw-Stellplätze nach § 47 Abs. 4 NBauO.	Die Stellplätze werden auf einem in der Nähe gelegenen Grundstück hergestellt und durch Baulast für das Baugrundstück gesichert (§ 47 Abs. 4 NBauO).	
Auf einem Grundstück reicht der Platz nicht zur Unterbringung der notwendigen Fahrradabstellanlagen nach § 48 Abs. 1 NBauO.	Die Fahrradabstellanlagen werden auf einem in der Nähe gelegenen Grundstück hergestellt und durch Baulast für das Baugrundstück gesichert (§§ 48 Abs. 1 S. 3, 47 Abs. 4 NBauO).	
Für ein Gebäude kann der erforderliche Grenzabstand nach § 5 NBauO nicht eingehalten werden.	Flächen eines benachbarten Grundstücks werden zur Einhaltung des Grenzabstands hinzugerechnet und durch Baulast gesichert (§ 6 Abs. 2 NBauO).	

6. Baurechtliche Eingriffsbefugnis

Über die Gefahrenabwehrgesetze oder die Polizeigesetze der Länder hinaus sehen die Landesbauordnungen eigene Normen zur Sicherung und Durchsetzung der baurechtlichen Anforderungen vor. Entsprechend der MBO, die zunächst im § 58 Abs. 2 S. 2 als Generalklausel die Befugnis enthält, „die erforderlichen Maßnahmen zu treffen", sodann das mit rein technischem Bezug verbundene Verbot der unrechtmäßigen Verwendung nicht gekennzeichneter Bauprodukte ausspricht, enthalten die Landesbauordnungen auf das Baurecht bezogene Eingriffsnormen. In Niedersachsen ist diese Ermächtigungsgrundlage § 79 Abs. 1 S. 1 NBauO. Sie ermächtigt die Bauaufsichtsbehörde zu Maßnahmen, die in dem in § 79 Abs. 1 S. 2 NBauO aufgeführten Katalog nicht abschließend genannt sind. Neben der Einstellung von Arbeiten, der Beseitigung von Anlagen und der Untersagung, bestimmte Bauprodukte zu verwenden, kann sie z. B. auch die Vorlage von Bauzeichnungen oder Auskunft über Eigentumsverhältnisse verlangen. Die Stellung eines Bauantrages kann aber nicht verlangt werden, weil niemand gezwungen werden kann, eine Begünstigung zu wollen. 113

Voraussetzung für ein Einschreiten nach der baurechtlichen Eingriffsbefugnis ist entsprechend dem Zweck der Ermächtigung, dass 114

eine **Verletzung öffentlichen (Bau-)Rechts** vorliegt, wobei die Vermutung ausreicht.

115 Eine solche Rechtsverletzung kann vielschichtiger Natur sein. Sie kann insbesondere in einem Baurechtsverstoß der

baulichen Anlage,
des Grundstücks,
der verwendeten Bauprodukte oder
der Baumaßnahmen

liegen. Rechtsverletzungen können sodann *formeller Natur* – Verstoß gegen bestehende Genehmigungspflichten – oder *materieller Natur* sein – Verstöße gegen materielle Anforderungen an Bebauung nach dem Landes- oder Bundesrecht.

116 Aus *formeller* Sicht ermächtigen die Landesbauordnungen die Bauaufsichtsbehörden – und hier entsprechend der normalen Zuständigkeitsregelung die unteren Bauaufsichtsbehörden – zum Einschreiten aufgrund der Ermächtigungsnormen. Neben den Zuständigkeitsregelungen verpflichten die Landesbauordnungen bzw. in verfahrensrechtlicher Ergänzung die jeweiligen Landesverwaltungsverfahrensgesetze zu einer Anhörung oder einer Erörterung des Sachverhalts. Die Schriftform ist im Zusammenhang mit der Anordnung von Maßnahmen nicht angeordnet. Soweit jedoch eine schriftliche Verfügung ergeht, was aus Beweisgründen immer anzustreben ist, so ist diese Verfügung in Anwendung des § 39 Abs. 1 VwVfG zu begründen.

Materielle Anwendungsvoraussetzungen

117 Die Anwendung der Normen zur baurechtlichen Eingriffsbefugnis eröffnen für die Bauaufsichtsbehörde *Ermessen*, sodass die Grundsätze des § 40 VwVfG zu berücksichtigen sind. Im Rahmen der Ermessensausübung hat die Bauaufsichtsbehörde nach drei Stufen vorzugehen – sie hat grundsätzlich drei Ermessensentscheidungen zu treffen –, die da sind:

118 Entschließungsermessen:

Die Bauaufsichtsbehörde muss zunächst dahin Ermessen ausüben, ob sie mit Blick auf einen erkannten Baurechtsverstoß eingreifen will. Hinsichtlich des großen öffentlichen Interesses, das an der Einhaltung der Normen des öffentlichen Baurechts besteht, sollte sich die Behörde hier grundsätzlich zum Einschreiten entscheiden. Ebenso wird hierdurch einer negativen Vorbildwirkung entgegengewirkt. Die Entscheidung zum Eingreifen kann auch im Rahmen einer gerichtlichen Überprüfung kaum als rechtswidrig festgestellt werden.
Die Brandenburgische Bauordnung enthält als Besonderheit in der Eingriffsnorm (s. o.) für vorsätzliche Verstöße eine Sollvorschrift zum Eingreifen, wodurch die Ermessensausübung in der Anwendung verkürzt wird.

Adressatenauswahl:

Im Rahmen einer abgewogenen Ermessensausübung ist es notwendig abzuwägen, an wen die beabsichtigte Maßnahme zu richten ist. Die Landesbauordnungen sehen neben dem Eigentümer und Bauherrn weitere Verantwortliche vor, zwischen denen sich die Bauaufsichtsbehörde entscheiden kann, wenn sie denn eine Maßnahme anordnen will. Entscheidungserheblich ist mit Blick auf das anzustrebende Ziel, nämlich rechtmäßige Zustände zu erreichen, wer am besten dazu geeignet sein mag, die notwendigen Maßnahmen der erwogenen Anordnung auch auszuführen. 119

Auswahlermessen: (Maßnahme)

Eine anzuordnende Maßnahme als Kern des nun eigentlich ergehenden belastenden Verwaltungsakts hat nach den Grundsätzen des Erforderlichkeitsprinzips bzw. Verhältnismäßigkeitsprinzips als Boden jeglichen staatlichen Handelns zu erfolgen. Eine Maßnahme muss daher in diesem Sinne 120

geeignet,
erforderlich und
angemessen sein.

Eine anzuordnende Maßnahme ist danach geeignet, wenn sie den Zweck verfolgen kann, einen Baurechtsverstoß zu beseitigen. Sie ist erforderlich, wenn sie unter mehreren geeigneten Maßnahmen diejenige ist, die den Einzelnen und die Allgemeinheit am wenigsten beeinträchtigt.

Die Maßnahme ist zudem angemessen, wenn sie im Hinblick auf das verfolgte und angestrebte Ziel für den Betroffenen nicht zu einem erkennbar außer Verhältnis stehenden Eingriff führt.

Beispiel: Bei lediglich formell bestehender Illegalität – ein erforderlicher Antrag wurde nicht gestellt – ist eine Beseitigungsanordnung weder erforderlich noch angemessen.

Ein Nachbar hat, auch wenn er in seinen Rechten verletzt ist, grundsätzlich keinen Anspruch auf Einschreiten der Bauaufsichtsbehörde.[19] Ausnahmsweise kann es einen Anspruch dann geben, wenn der Nachbar durch den baurechtswidrigen Zustand in seinen materiellen Rechten verletzt ist und zudem hierdurch tatsächlich unzumutbar beeinträchtigt ist, sodass eine Pflicht der Bauaufsichtsbehörde zum Einschreiten infolge einer Ermessensreduzierung auf null anzunehmen ist.[20] 121

II. Städtebauliches Planungsrecht

Über § 2 Abs. 17 NBauO gehört auch das städtebauliche Planungsrecht zum öffentlichen Baurecht. Die Darstellung erfolgt im folgenden Dritten Teil: Städtebauliches Planungsrecht. 122

19 OVG Lüneburg, Beschluss vom 6. März 2003 – 1 LA 197/02 in NVwZ-RR 2003, S. 484.

20 Hierzu m. w. N. Große-Suchsdorf, § 79 Rn. 71.

DRITTER TEIL

STÄDTEBAULICHES PLANUNGSRECHT

A. SYSTEMATISCHE EINORDNUNG UND ANWENDUNG PLANUNGSRECHTLICHER ZULASSUNGSNORMEN

123 Die Landesbauordnungen beziehen Zulässigkeitsnormen des städtebaulichen Planungsrechts direkt durch Benennung (§ 2 Abs. 17 NBauO)[21] oder indirekt als Bestandteil des öffentlichen Rechts (Baurechts) in die materielle Prüfung von Baugesuchen ein. Dies hat seinen Hintergrund darin, dass das zum Bundesrecht gehörende städtebauliche Planungsrecht hinsichtlich der Zulässigkeitsvorschriften (§§ 29 ff. BauGB) keine eigenen Regelungen über ein Genehmigungsverfahren enthält und somit darauf angewiesen ist, dass auf landesrechtliche Verfahren zurückgegriffen werden kann. Diese Systematik geht zurück auf Abstimmungen der Bauminister der Bundesländer und des Bundes (Bauministerkonferenz), die in den 50er-Jahren des 20. Jahrhunderts erstmals stattgefunden haben, siehe Musterbauordnung (9).

124 Das städtebauliche Planungsrecht hat den V**orhabensbegriff des § 29 Abs. 1 BauGB** mit einer Anknüpfungsfunktion zur Anwendbarkeit der städtebaulichen Zulassungsnormen vorgesehen.

I. Vorhaben, Vorhabenstatbestand

125 § 29 Abs. 1 BauGB legt in der Aussage fest, wann und wofür die planungsrechtlichen Zulassungsnormen, die in den §§ 30 – 37 BauGB enthalten sind, grundsätzlich Anwendung finden dürfen. Maßgeblich sind danach Vorhaben – im landesrechtlichen Vergleich ist hier der Begriff der *Baumaßnahme* gemäß § 2 Abs. 13 NBauO zu nennen –, die die

Errichtung,

Änderung oder

Nutzungsänderung von baulichen Anlagen

---

[21] § 2 Abs. 17 NBauO: Öffentliches Baurecht sind die Vorschriften dieses Gesetzes, die Vorschriften aufgrund dieses Gesetzes, **das städtebauliche Planungsrecht** und die sonstigen Vorschriften des öffentlichen Rechts, die Anforderungen an bauliche Anlagen, Bauprodukte oder Baumaßnahmen stellen oder die Bebaubarkeit von Grundstücken regeln.

zum Inhalt haben. Soweit nach dem Landesbaurecht als *Baumaßnahmen* noch Abbrüche, Beseitigungen oder Instandhaltungen von baulichen Anlagen verfahrensgegenständlich sind, hat das Bundesrecht sich hiervon sogleich einschränkend abgesetzt. Weiterhin ist der im § 29 Abs. 1 BauGB verwendete Begriff der *baulichen Anlage* in Abgrenzung zum Landesrecht (§ 2 Abs. 1 NBauO) bundesrechtlich ein unbestimmter Rechtsbegriff, der einer bundesrechtlichen Auslegung bedarf. Soweit in der Landesbauordnung hierzu eine Begriffsdefinition vorhanden ist, vermag diese aus Gründen mangelnder Festlegungskompetenz nicht die Auslegung des hier bundesrechtlichen Begriffs zu normieren. Es handelt sich nach dem Bundesrecht um einen unbestimmten Rechtsbegriff, weil eine Begriffsdefinition nach dem BauGB nicht vorgesehen ist. Nach der Rechtsprechung des BVerwG[22] ist der Begriff der baulichen Anlage i. S. d. § 29 Abs. 1 BauGB – und damit i. S. d. BauGB – gekennzeichnet durch

- das Merkmal des „Bauens“,
- eine Dauernutzung und
- eine planungsrechtliche Relevanz.

Insbesondere mit diesen drei Merkmalen hat eine Auseinandersetzung mit dem Vorhabenstatbestand zu erfolgen. 126

Es muss sich somit um eine künstlich auf den Erdboden gebaute Anlage handeln, die auf eine Dauerhaftigkeit gerichtet ist. Anlagen vorübergehender Natur sind hiervon insofern als abgegrenzt zu erachten. Da das BauGB zu den Gegenständen des Bodenrechts gehört (siehe Bauleitplanung der Gemeinde), ist es gesetzessystematisch notwendig, dass der Regelungsgehalt dieser Norm auf diese Befugnisse beschränkt zu betrachten ist. Zur Abgrenzung von den landesrechtlichen Regelungsbefugnissen ist es daher notwendig, dass an dieser Stelle die städtebauliche – oder bodenrechtliche – Relevanz einer baulichen Anlage als Voraussetzung der Anwendung der städtebaulichen Normen gegenständlich zu machen ist. Relevant in diesem Sinne sind danach all die baulichen Anlagen, für die eine Gemeinde aus den ihr zustehenden Rechten und nach den von ihr in der Planung zu berücksichtigenden Belangen, insbesondere § 1 Abs. 3, 5 und 6 BauGB, ein Bedürfnis und eine Befugnis zur Planung ableiten kann. Dabei darf durchaus eine vorausschauende Betrachtung hinsichtlich einer angenommenen Häufung derartiger Anlagen vorgenommen werden. Kürzer ausgedrückt, bauliche Anlagen, die die Gemeinde zum Gegenstand ihrer planerischen Regelungstätigkeit machen darf, weil ihr eine Regelungsbefugnis zusteht, besitzen planungsrechtliche Relevanz. Mit dieser weiträumigen Definition gibt es in der Praxis nur sehr wenige Beispiele dafür, dass sich bauliche Anlagen im bundesrechtlichen Sinne von denen nach dem jeweiligen Landesrecht absetzen. Eine bauliche Anlage im bundesrechtlichen Sinn wird grundsätzlich die Anforderungen einer baulichen Anlage nach dem Landesrecht erfüllen. Hingegen werden nach dem Landesrecht auch bauliche Anlagen erfasst, die von kurzer Zeitdauer sind, z. B. Fliegende Bauten, die die bundesrechtliche Anforderung der Dauerhaftigkeit nicht erfüllen 127

[22] BVerwG, Urteil vom 7. Mai 2001 – 6 C 18/00 –, NVwZ 2001, S. 1046.

und damit keine baulichen Anlagen nach dem Bundesrecht sind. Weiterhin können bauliche Anlagen in Bereichen, in denen eine Gemeinde keine Planungshoheit hat – Bahnflächen oder übrige Bundesverkehrswege – keine baulichen Anlagen nach dem Bundesrecht sein, weil einer Gemeinde in diesen Bereichen die o. g. Planungsbefugnis fehlt.

128 Zur Abgrenzung planungsrechtlicher Vorschriften des öffentlichen Baurechts zu solchen nach dem Landesrecht spricht die Literatur von der Gestalt zweier Kreise, die sich nahezu decken.[23] Zulässigkeiten ergeben sich, wenn beide Anforderungen eingehalten werden. Das Bundesrecht stellt mit § 29 Abs. 2 BauGB ausdrücklich heraus, dass die Vorschriften des Bauordnungsrechts und andere öffentlich-rechtliche Vorschriften unberührt bleiben. Ein Vorrang des Bundesrechts besteht insofern nicht.

129 Vor Anwendung der planungsrechtlichen Zulassungsnormen ist es dennoch notwendig, dass das Vorliegen des Vorhabenstatbestands vollinhaltlich dargelegt wird. Erst danach darf in eine materielle planungsrechtliche Prüfung eingetreten werden. Für Vorhaben und die ihrer Bedeutung gleichgestellten Aufschüttungen und Abgrabungen größeren Umfangs sowie Ausschachtungen, Ablagerungen einschließlich Lagerstätten gelten zur Beurteilung der planungsrechtlichen Zulässigkeit die §§ 30 – 37 BauGB.

II. Planungsrechtliche Zulassungsnormen

130 § 29 Abs. 1 BauGB eröffnet im Rahmen der planungsrechtlichen Zulassungsprüfung die §§ 30 – 37 BauGB zur Anwendung. Dennoch sind hiernach zunächst lediglich drei Zulassungsnormen zu beschreiben, die gleichsam auch eine – abschließende – planungsrechtliche Einteilung der Gemeinde darstellen. Sie können auch als Hauptzulassungsnormen bezeichnet werden, weiterhin findet eine vollständige Abhandlung der übrigen Normen statt:

131

Planungsrechtliche Hauptzulassungsnormen		
§ 30 Abs. 1 BauGB qualifizierter Bebauungsplan	§ 34 BauGB im Zusammenhang bebauter Ortsteil	§ 35 BauGB Außenbereich
§ 30 Abs. 2 BauGB vorhabenbezogener Bebauungsplan	auch in Ergänzung eines einfachen Bebauungsplans § 30 Abs. 3 BauGB	auch in Ergänzung eines einfachen Bebauungsplans § 30 Abs. 3 BauGB

132 Es ist also zu entscheiden, welche planungsrechtliche Situation vorliegt, um sodann die Anwendbarkeit der einschlägigen planungsrechtlichen Zulassungsnorm darzulegen. Die Normen im Einzelnen:

[23] Große-Suchsdorf, Vorbemerkungen Rn. 23.

1. Qualifizierter Bebauungsplan

§ 30 Abs. 1 BauGB setzt als städtebauliche Zulässigkeitsnorm einen Bebauungsplan (Satzung der Gemeinde § 10 Abs. 1 BauGB) voraus, der bestimmte Mindestinhalte enthält. Ein Vorhaben (§ 29 Abs. 1 BauGB) ist danach – städtebaulich – zulässig, wenn es den Festsetzungen des Bebauungsplans nicht widerspricht und wenn die *Erschließung* (s. u.) gesichert ist. Ausgehend davon, dass es recht unterschiedliche Bebauungspläne mit den verschiedensten Festsetzungen gibt, setzt die Norm allerdings voraus, dass in dem hierdurch angesprochenen Plan bestimmte Regelungsmerkmale als Mindestregelungen enthalten sind, es sich also um einen Bebauungsplan handeln muss, der besondere Anforderungen erfüllt. Dieses sind Festsetzungen 133

- zur Art der baulichen Nutzung (Wohngebiet, Gewerbegebiet etc.)
- zum Maß der baulichen Nutzung (Grundfläche, Geschossfläche, Vollgeschosse)
- zu den überbaubaren Grundstücksflächen (z. B. Baugrenzen oder Baulinien) und
- über die örtlichen Verkehrsflächen (öffentliche Straßen, Wege und Plätze).

Mit diesen Mindestfestsetzungen werden Regelungen getroffen, die es erlauben, ein Vorhaben aus städtebaulicher Sicht ganzheitlich – qualifiziert – zu beurteilen. Ein solcher Bebauungsplan wird daher fachlich auch als *qualifizierter Bebauungsplan* bezeichnet 134

Ein Vorhaben ist zulässig, wenn es den gesamten Festsetzungen des qualifizierten Bebauungsplans nicht widerspricht, also natürlich auch den Festsetzungen, die der Bebauungsplan über die Mindestfestsetzungen hinaus enthält. Die Formulierung des § 30 Abs. 1 BauGB ist in dieser Hinsicht nicht ganz eindeutig. Da ein Bebauungsplan als materielle Rechtsnorm jedoch hinsichtlich sämtlicher Festsetzungen Normcharakter hat, ist eine andere Rechtsauslegung nicht zulässig. 135

2. Vorhabenbezogener Bebauungsplan

Im Geltungsbereich eines vorhabenbezogenen Bebauungsplans (§ 12 BauGB, siehe auch Bauleitplanung der Gemeinde) geschieht die Zulässigkeitsprüfung entsprechend (§ 30 Abs. 2 BauGB). Ein Vorhaben ist zulässig, wenn es dem Bebauungsplan nicht widerspricht und wenn die Erschließung gesichert ist. Vorhabenbezogene Bebauungspläne sind in ihrem planungsrechtlichen Festsetzungsgehalt qualifizierten Bebauungsplänen gleichzusetzen. Es handelt sich oft um projektbezogene Pläne, die mitunter nur für ein Einzelvorhaben die städtebauliche Zulassungsgrundlage als Satzung festlegen. Diese Pläne enthalten in der Regel auch keine abstrakten Festsetzungen wie ein qualifizierter Bebauungsplan i. S. v. § 30 Abs. 1 BauGB. In einem vorhabenbezogenen Bebauungsplan ist ein Projekt/Vorhaben in einem Vorhaben- und Erschließungsplan, der Bestandteil der Satzung ist, hinsichtlich seiner städtebaulichen Eigenschaften „bauantragsreif" 136 dargestellt. Der Vorhabenträger muss sich vertraglich zur Durchführung des Vorhabens unter Einhaltung von Fristen verpflichten, § 12 Abs. 1 BauGB. Das Baurecht wird also durch den Bebauungsplan und einen Vertrag begründet.

137 *Abbildung: Planzeichen zum Bebauungsplan*

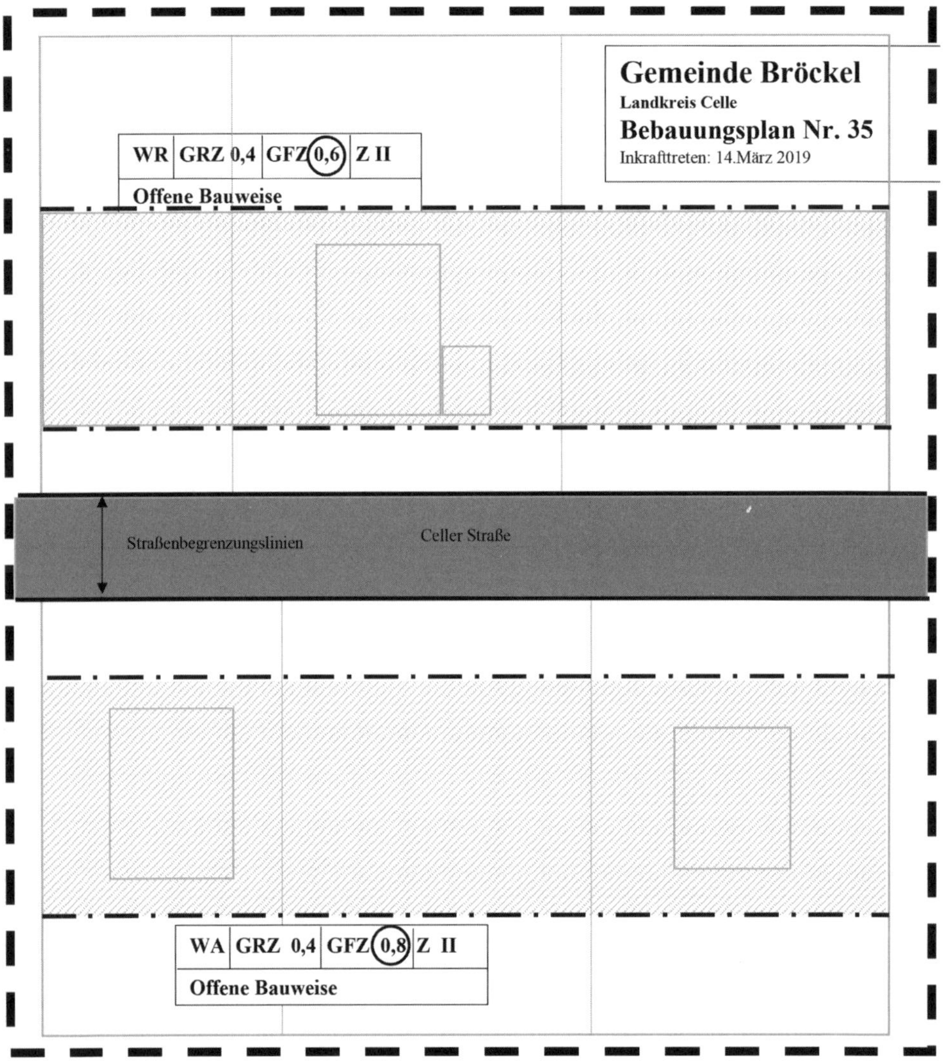

Planzeichenerklärung

Art der baulichen Nutzung: WR = reines Wohngebiet,
WA = allgemeines Wohngebiet

Maß der baulichen Nutzung: GRZ = Grundflächenzahl
GFZ = Geschossflächenzahl
Z = Zahl der Vollgeschosse

Grenze des Bebauungsplans:

Baugrenze mit zusätzlicher Darstellung der überbaubaren Grundstücksfläche:

öffentliche Verkehrsfläche:

Abbildung: Vorhabenbezogener Bebauungsplan 138

Vorhaben- und Erschließungsplan Hermannstraße – Wohn- und Geschäftshaus als Bestandteil des vorhabenbezogenen Bebauungsplans Hermannstraße

Gemeinde Bröckel Landkreis Celle **Vorhabenbezogener Bebauungsplan**

Wohn- und Geschäftshaus Hermannstraße 9

Inkrafttreten: 14.März 2019

Vorhaben- und Erschließungsplan

Größe Grundstück: 2.500 m²

Nutzung: Lebensmittelmarkt im EG mit 750 ² Verkaufsfläche mit 35 PKW-Einstellplätzen

Grundfläche Gebäude: 920 m², Geschossfläche: 1.840 m²

Gebäudehöhe: 9,5 m über natürlichem Gelände

textliche Festsetzungen

§ 1: Pflanzstreifen nur mit heimischen Pflanzen

§ 2: Regenwasser ist zu versickern.

§ 3: Dachflächen sind zu begrünen.

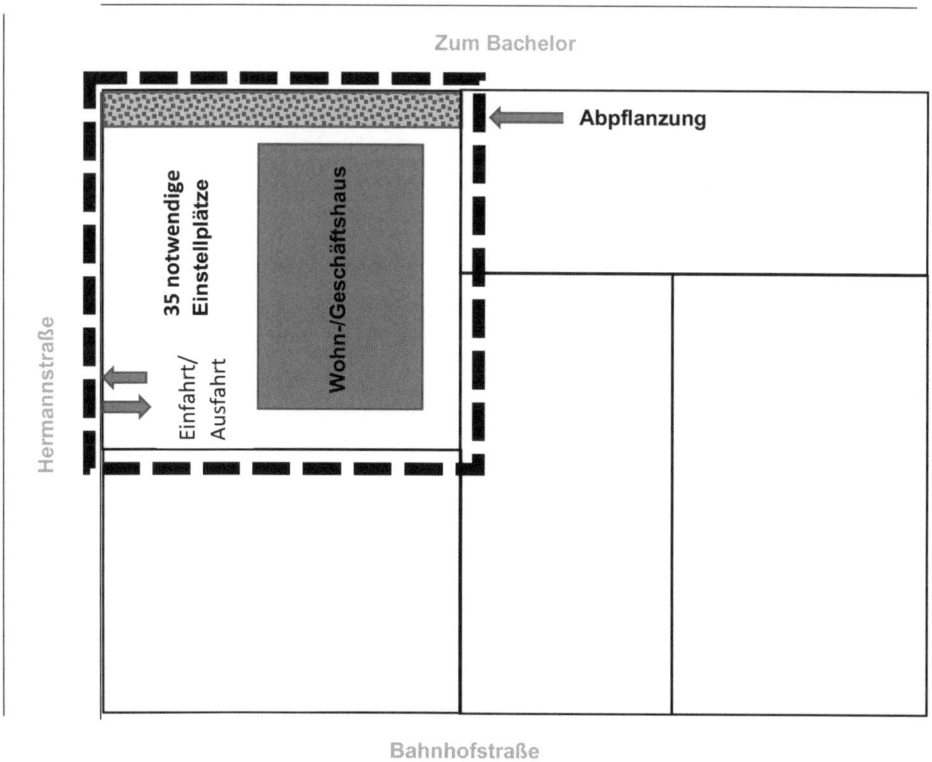

Weitere Abbildungen: Geschosse mit Grundrissen und Vermaßungen

(*hier nicht dargestellt*)

Ansicht Hermannstraße

Höhe: 9,5 m

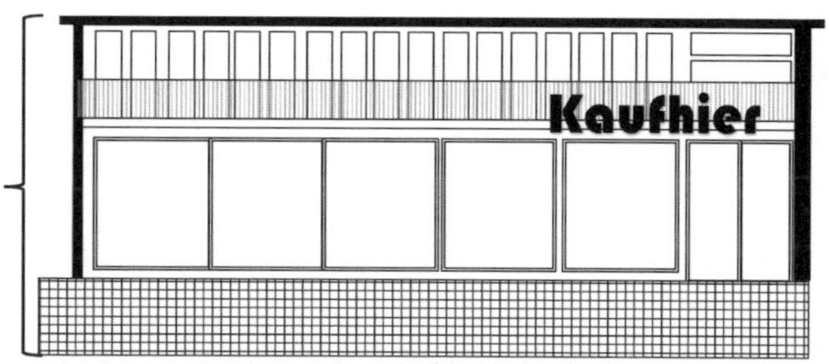

139 *Abbildung: Gebäudeansicht zur Hermannstraße*

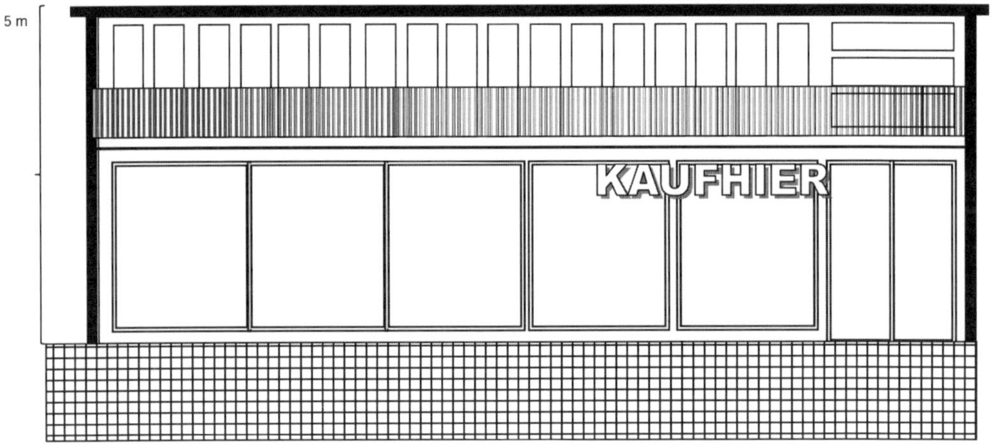

3. Einfacher Bebauungsplan

140 Neben dem qualifizierten Bebauungsplan (§ 30 Abs. 1) und dem vorhabenbezogenen Bebauungsplan (§ 30 Abs. 2 BauGB) geht das BauGB im § 30 Abs. 3 von der Existenz von Bebauungsplänen aus, die nicht die Mindestfestsetzungen des § 30 Abs. 1 BauGB enthalten. Das Gesetz spricht von einfachen Bebauungsplänen. Einfach, weil sie eine qualifizierte und abschließende städtebauliche Aussage zur Zulassung nicht erlauben. Es handelt sich um – meist ältere – Bebauungspläne, die lediglich einzelne Festsetzungen zu Straßenverkehrsflächen oder Bebauungstiefen oder etwa nur zur Art der baulichen Nutzung enthalten. Mitunter kann es aber auch sein, dass es gerade der planerische Wille der Gemeinde ist, durch einen Bebauungsplan nur ergänzende Regelungen festzulegen (siehe z. B. § 9 Abs. 2a–c BauGB). Verbreitet in dieser Hinsicht sind Bebauungspläne, die lediglich zu einer Steuerung des Einzelhandels oder zu einer Begrenzung von bestimmten Vergnügungsstätten (Spielhallen oder Wettbüros) aufgestellt werden. § 30 Abs. 3 BauGB verlangt, dass zu der – unselbstständigen – Zulassungsnorm im Übrigen die Vorschriften der Zulassungsnormen für die im Zusammenhang bebauten Ortsteile (§ 34 BauGB) oder für den Außenbereich (§ 35 BauGB) für eine abschließende Entscheidung hinzugezogen werden. Es sind also zunächst die Festsetzungen des – einfachen – Bebauungsplans anzuwenden und sodann ergänzend die Vorschriften der §§ 34 oder 35 BauGB anzuwenden. Dazu ist zunächst zu klären, welchem städtebaulichen Bereich der Gemeinde das zu beurteilende Grundstück mit dem dort gelegenen Vorhaben zuzuordnen ist.

Abbildung: Einfacher Bebauungsplan 141

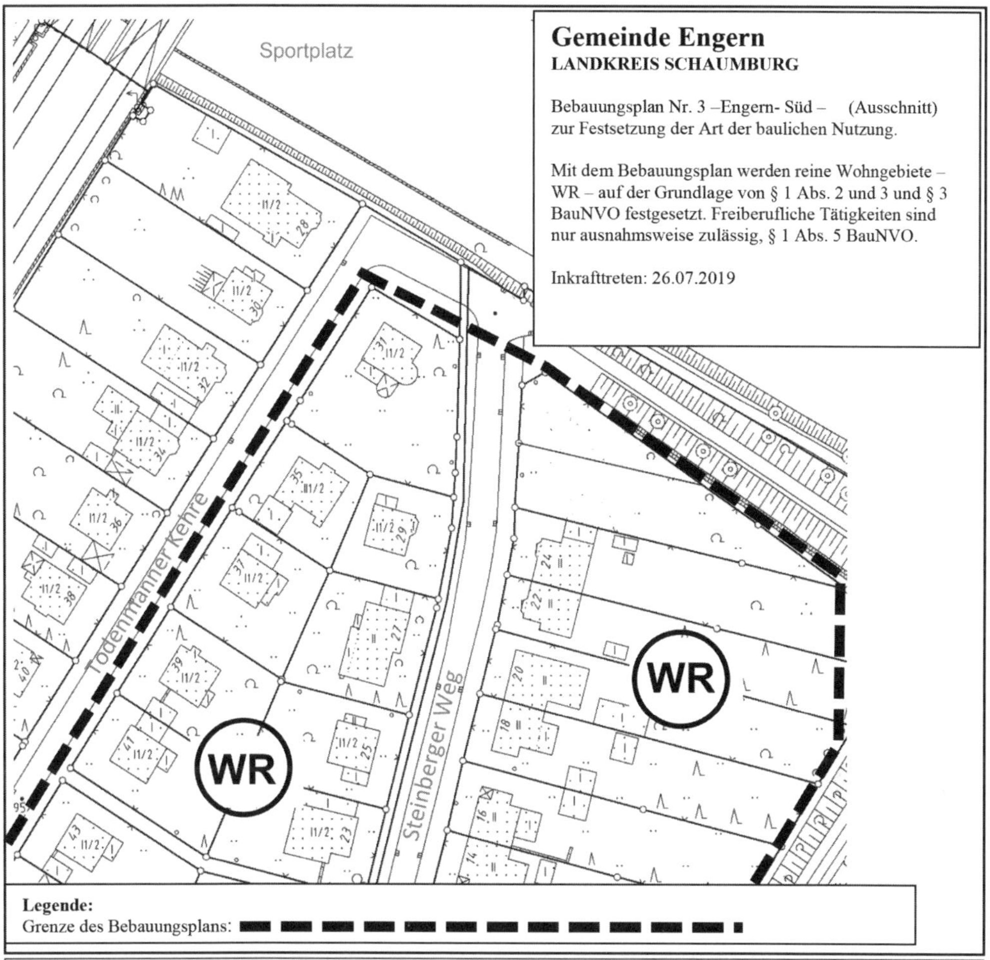

Datenquelle: CC-BY-4.0 – Bereich Geoinformation – LH Hannover

Dieser Bebauungsplan legt für eine vorhandene Siedlung in der Gemeinde fest, dass zur Art der baulichen Nutzung ein reines Wohngebiet gilt. Die im Plan dargestellte Bebauung entspricht dem Bestand und stellt praktisch die gegenwärtige Stadtkarte dar. Weiterhin hat die Gemeinde mit dem Plan eine Aussage zur Zulässigkeitsperspektive von freiberuflichen Tätigkeiten getroffen. Mit der Einschränkung der lediglich ausnahmsweisen Zulassungsfähigkeit hat sie gegenüber der ansonsten geltenden Wirkung des § 13 BauNVO eine Einschränkung vorgenommen. Anlass kann die Absicht gewesen sein, eine besondere Wohnruhe zu gewährleisten. – Der Bebauungsplan legt somit nur die Art der baulichen Nutzung für das Gebiet fest.

4. Im Zusammenhang bebaute Ortsteile

142 § 34 BauGB ist eine Zulässigkeitsnorm, die die bebauten Bereiche einer Gemeinde anspricht. Sie ist in Ergänzung einer städtebaulichen Beurteilung anwendbar, wenn ein *einfacher Bebauungsplan* vorliegt, § 30 Abs. 3 BauGB. Die Norm ist aber auch anwendbar, wenn gar kein Bebauungsplan vorliegt. § 34 Abs. 1 S. 1 BauGB legt mit der Formulierung *innerhalb der im Zusammenhang bebauten Ortsteile* jedoch zunächst abgrenzend den Anwendungsbereich dieser Norm fest. Vor dem Hintergrund der Entstehungsgeschichte und dem Zweck dieser Norm ist diese abgrenzende Funktion als sehr eng und strikt aufzufassen.

143 Mit der Entwicklung des Städtebaurechts in der jungen Bundesrepublik (1960) durch das Bundesbaugesetz (heute Baugesetzbuch) hatte die Norm des § 34 ursprünglich zunächst eher die Funktion einer Übergangsnorm. Ausgehend von dem Gedanken, dass die Gemeinden mehr oder weniger zügig flächendeckend von den neuen Möglichkeiten der Bauleitplanung und der Aufstellung qualifizierter Bebauungspläne Gebrauch machen, sollte für die bis dahin entstehende Übergangszeit kein Bebauungsstillstand entstehen, zumal sich das Land in Teilen immer noch in der Wiederaufbauphase befand. Die Städte und Gemeinden sollten bezogen auf die vorhandene Bebauung und die dadurch gesetzten Maßstäbe weiterhin bebaubar bleiben. Der mit der Bauleitplanung einhergehende Gedanke des *Grundsatzes der Planmäßigkeit* sollte somit natürlich zunächst nicht zu einem Baustillstand führen. Es sollte allerdings auch verhindert werden, dass sich Gemeinden erweitern oder Entwicklungen eingeleitet werden, ohne von dem Instrument der Bauleitplanung Gebrauch zu machen. Die daraus erwachsene Regelung zur Bebauung musste und sollte also für die bereits bebauten Bereiche gelten, ohne darüber hinaus Bebauungsrechte erstmals oder neu zu begründen. Beurteilungsmaßstab sollte nach der Norm die tatsächlich vorhandene Bebauung sein, die – zu welcher Zeit auch immer – zulässigerweise entstanden war. Die Anwendbarkeit der Norm ist gemäß § 34 Abs. 1 S. 1 BauGB beschränkt auf die innerhalb der im Bebauungszusammenhang bebauten Ortsteile. Angesprochen werden sollen die Teile einer Gemeinde (Ortsteile), in denen sich Bebauung befindet. Ein zu beurteilendes Vorhabengrundstück muss sich innerhalb dieser Bebauung befinden (im Bebauungszusammenhang).

144

Anwendung (§ 34 BauGB) Räumlicher Geltungsbereich und Anwendungsvoraussetzungen	
Räumlicher Geltungsbereich	• außerhalb des Geltungsbereichs eines qualifizierten (§ 30 Abs. 1 BauGB) oder vorhabenbezogenen (§ 30 Abs. 2 BauGB) Bebauungsplans • innerhalb eines im Zusammenhang bebauten Ortsteils • und/oder innerhalb des Geltungsbereichs einer Satzung gemäß § 34 Abs. 4 BauGB
Ortsteil	Jeder Bebauungskomplex innerhalb des Gemeindegebiets, der nach der Anzahl der vorhandenen Gebäude ein gewisses Gewicht für die Gemeinde besitzt und Ausdruck einer organischen Siedlungsstruktur ist. Gegensatz dazu wäre eine nicht gewollte unorganische Splittersiedlung (Häufung von Schwarzbauten).
Bebauungszusammenhang	Besteht, wenn die aufeinanderfolgende Bebauung trotz vorhandener Baulücken den Eindruck der Geschlossenheit (Zusammengehörigkeit) vermittelt. • endet mit der letzten Bebauung • kein Außenbereich im Innenbereich
Satzungen	Im Zusammenhang bebaute Ortsteile können auch durch Satzungen nach Abs. 4 und 5 festgelegt oder geschaffen oder erweitert werden. Drei unterschiedliche Satzungsarten sind möglich: 1. rein deklaratorisch (Nr. 1) 2. bebaute Bereiche im Außenbereich, wenn im Flächennutzungsplan als Baufläche dargestellt (Nr. 2) 3. Einbeziehung einzelner Außenbereichsgrundstücke in den Innenbereich, wenn entsprechende Prägung durch bauliche Nutzungen vorhanden ist (Nr. 3). Satzungen nach 2 und 3 dürfen einzelne Festsetzungen wie einen Bebauungsplan enthalten.

145

Zulässigkeitsvoraussetzungen (§ 34 Abs. 1 und 2 BauGB) Begriffe	
Zulässigkeitsvoraussetzungen	Ein Vorhaben ist zulässig, wenn es sich nach • Art und Maß der baulichen Nutzung, • der Bauweise, • und der Grundstücksfläche, die überbaut werden soll, in die **Eigenart** der **näheren Umgebung** einfügt. Die **Erschließung** muss gesichert sein. **Gesunde Wohn- und Arbeitsverhältnisse** sowie das **Ortsbild** müssen gewahrt bleiben. Von den Einfügenstatbeständen kann im Einzelfall abgewichen werden (§ 34 Abs. 3a BauGB). Es dürfen keine schädlichen Auswirkungen auf zentrale Versorgungsbereiche in der Gemeinde oder in anderen Gemeinden zu erwarten sein (§ 34 Abs. 3 BauGB). Festsetzungen eines einfachen Bebauungsplans (§ 30 Abs. 3 BauGB), oder einer Satzung nach § 34 Abs. 4 Nr. 2 und 3 BauGB sind einzuhalten.
Nähere Umgebung	Wird zunächst durch die tatsächliche, direkt benachbarte Bebauung gebildet. Hinzu kommt die Bebauung, auf die sich das Vorhaben auswirkt, und die Bebauung, die den Charakter des zu bebauenden Grundstücks mitprägt. Eine Prägung geht grundsätzlich nur von Bebauung aus, die zum Vorhabensgrundstück in Sichtbeziehung steht.
Eigenart	Städtebaulicher Charakter der tatsächlich und rechtmäßig vorhandenen Bebauung. Bebauung, die offensichtlich eine Sonderstellung einnimmt und von daher nicht zu einer Prägung beiträgt (Fremdkörper) muss außer Acht bleiben.
Vorhaben muss sich einfügen	• Es muss sich an den von der näheren Umgebung gesetzten (geprägten) Rahmen halten. (Ist vergleichbares vorhanden oder bleibt es innerhalb der vorhandenen Spanne „Rahmen"). • Wenn ein Vorhaben den Rahmen einhält, fügt es sich trotzdem nicht ein, wenn es zu Störungen führt und deshalb rücksichtslos ist. • Wenn ein Vorhaben den vorhandenen Rahmen überschreitet, kann es sich trotzdem einfügen, wenn es nicht geeignet ist, bodenrechtliche Spannungen zu verursachen oder vorhandene Spannungen zu erhöhen. Das Vorhaben tritt also in ein harmonisches Verhältnis zur vorhandenen Bebauung und ist damit zulässig. Der Begriff des **Einfügens** enthält auch das Gebot der Rücksichtnahme. Das Vorhaben muss auf das Vorhandene Rücksicht nehmen. Über das **Gebot der Rücksichtnahme** vermittelt § 34 BauGB Nachbarschutz.
Gesunde Wohn- und Arbeitsverhältnisse	Grundsätzlicher planungsrechtlicher Bezug, Schutz vor schädlichen Umwelteinwirkungen. Rücksicht auf besondere Bauformen von herausragender Prägung, die in der näheren Umgebung oder in der Örtlichkeit ablesbar entstanden sind. Städtebaulicher Denkmalschutz.

§ 34 Abs. 2 BauGB Besondere Vorschriften zur Art der baulichen Nutzung	Besonderheit für die Beurteilung allein der Art der baulichen Nutzung. Entspricht die Eigenart der näheren Umgebung einem der in der BauNVO aufgeführten Baugebiete, so richtet sich die Zulässigkeit von Vorhaben hinsichtlich der **Art der baulichen Nutzung** nur nach dem jeweiligen Zulässigkeitskatalog der BauNVO. Ausnahmen und Befreiungen sind möglich (§ 31 BauGB). §§ 12–15 BauNVO gelten. (Gilt gemäß § 245c Abs. 3 BauGB nicht für das **urbane Gebiet** MU.)

5. Außenbereich (§ 35 BauGB)

Der Begriff des Außenbereichs ist durch das BauGB gegenwärtig nicht weiter definiert. Zur Abgrenzung des Außenbereichs enthielt das BauGB in der bis zum 31.12.1997 geltenden Fassung eine Legaldefinition, die in dem seinerzeitigen § 19 Abs. 1 Nr. 3 BauGB normiert war. Außenbereich war danach das Gebiet, das außerhalb eines qualifizierten Bebauungsplanes (§ 30 Abs. 1 BauGB) und außerhalb der im Zusammenhang bebauten Ortsteile (§ 34 BauGB) lag.[24] Inhaltlich hat sich diese Definition in Literatur und Rechtsprechung bis heute gehalten, ohne normiert zu sein. Der städtebauliche Außenbereich wird negativ durch Ausschluss festgelegt. Die Systematik dieser Regel ist zudem auch im § 30 Abs. 3 BauGB erkennbar, wenn danach neben dem qualifizierten Bebauungsplan ausschließlich der im Zusammenhang bebaute Ortsteil (definierbar) und der Außenbereich infrage kommen. Da somit keine weiteren Gebiete in der Gemeinde planungsrechtlich existieren, kommt dem Außenbereich eine Auffangfunktion zu. Vorstellungen hinsichtlich eines ländlich-idyllischen Gepräges, Einsamkeit, Wald, Wiesen und Felder haben bei dieser rein ausschließenden Betrachtung keinen Raum. Existiert keine qualifizierte Bebauungsplanung und sind die Merkmale des räumlichen Geltungsbereichs der Norm des § 34 Abs. 1 BauGB nicht gegeben, so liegt – gleich einer mathematischen Formel – der planungsrechtliche Außenbereich vor. 146

Soweit es der Gesetzgeber für den qualifizierten Planbereich (§ 30 Abs. 1 und 2 BauGB) unter Berücksichtigung der gesetzlichen Vorgaben der Gemeinde überlassen hat, Festlegungen zu treffen, er für die im Zusammenhang bebauten Ortsteile (§ 34 BauGB) als Beurteilungskriterium das vorhandene Bebauungsgefüge erklärt, hat er für den Außenbereich eigene Zulässigkeitsvorstellungen entwickelt. Dabei wird recht schnell auch eine Zweckbestimmung des Außenbereichs deutlich. Neben den Erfordernissen der Land- und Forstwirtschaft kommt dem Außenbereich danach in erster Linie die Funktion zu, den Bedürfnissen der Naherholung weiter Kreise der Bevölkerung zu dienen und damit von Bebauung frei gehalten zu bleiben. Als Grundsystematik hat der Gesetzgeber bestimmte Vorhaben beschrieben, die vor dem Hintergrund der Zweckbestimmung des Außenbereichs zulässig sein sollen. Er hat zudem eine eher subtile Norm geschaffen, auch weitere Vorhaben zuzulassen, und hat hierzu in der Vergangenheit durch die Festlegung 147

[24] § 19 – Teilungsgenehmigung –
(1) Die Teilung eines Grundstücks bedarf zu ihrer Wirksamkeit der Genehmigung
1. innerhalb des räumlichen Geltungsbereichs eines Bebauungsplans im Sinne des § 30 Abs. 1;
2. innerhalb der im Zusammenhang bebauten Ortsteile (§ 34);
3. außerhalb der in den Nummern 1 und 2 bezeichneten Gebiete (Außenbereich, § 35)...

von Begünstigungen Nutzungs- und Bebauungsmöglichkeiten geschaffen, die auch als vernünftiges Entgegenkommen hinsichtlich der Grundsystematik des § 35 BauGB gesehen werden kann. § 35 BauGB ist eine der Normen im städtebaulichen Planungsrecht, die seit der Entstehung mit dem Bundesbaugesetz im Jahr 1960 eine der größten Entwicklungen erlebt hat. Vom Umfang her ist es die wohl längste Zulassungsnorm, was nicht zum Verständnis beigetragen hat.

148 **Zulässigkeitsvoraussetzungen (§ 35 Abs. 1 und 2 BauGB)**
Begriffe

Definition	Vom Außenbereich einer Gemeinde ist auszugehen für die Flächen oder Gebiete, für die es • keinen qualifizierten oder vorhabenbezogenen Bebauungsplan gibt (§ 30 Abs. 1 und 2 BauGB) und • die nicht innerhalb des im Zusammenhang bebauten Ortsteils liegen (§ 34 Abs. 1 BauGB).	
Privilegierte Vorhaben (§ 35 Abs. 1 BauGB) Im Außenbereich ist ein Vorhaben nur zulässig, wenn **öffentliche Belange nicht entgegenstehen,** die ausreichende **Erschließung gesichert** ist und wenn eine **Privilegierung** vorliegt (§ 35 Abs. 1 Nr. 1 bis 8 BauGB).	**Sonstige Vorhaben, (§ 35 Abs. 2 BauGB)** Sonstige Vorhaben können im Einzelfall zugelassen werden, wenn ihre Ausführung oder Benutzung **öffentliche Belange nicht beeinträchtigt** und die **Erschließung gesichert** ist.	**Begünstigte sonstige Vorhaben (§ 35 Abs. 4 BauGB)** Einzelne öffentliche Belange können diesen sonstigen Vorhaben nicht entgegengehalten werden.
	Außenbereichssatzung (§ 35 Abs. 6 BauGB) durch Satzung kann wohngeprägten bebauten Bereichen im Außenbereich – Bereiche, für die § 34 BauGB nicht zutrifft – eine Begünstigung zuteilwerden, dass bestimmte öffentliche Belange nicht entgegengehalten werden.	

149

Weitere Zulassungsvoraussetzungen (§ 35 BauGB) Außenbereich	
Öffentliche Belange	Bei der Zulassung von privilegierten und sonstigen Vorhaben sind öffentliche Belange mit unterschiedlicher Schwerpunktsetzung in die Entscheidung einzubeziehen. § 35 Abs. 3 BauGB benennt in einem nicht abgeschlossenen Katalog öffentliche Belange. Darüber hinaus können weitere öffentliche Belange einbezogen werden.
Erschließung	Im Unterschied zu den Erschließungserfordernissen nach den §§ 30 Abs. 1, 2 und 34 BauGB ist eine den Bedürfnissen angepasste Erschließung (ausreichende Erschließung) erforderlich. Hier sind die Umstände des konkreten Außenbereichsvorhabens ausschlaggebend.
Außenbereichsschutz	Gemäß § 35 Abs. 5 BauGB gilt für zulässige Vorhaben der besondere Außenbereichsschutz: • flächensparend • Bodenversiegelung auf das notwendige Maß begrenzt • den Außenbereich schonende Ausführung • vereinzelte Rückbaupflicht nach Nutzungsaufgabe

a) Privilegierte Vorhaben (§ 35 Abs. 1 BauGB)

Mit der Systematik des § 35 BauGB hat der Gesetzgeber den zum Außenbereich gehörenden **Gebieten** besonderen Schutz vor Bebauung beimessen wollen. Mit diesem Regelungsansatz hat er in Absatz 1 Vorhaben zusammengefasst, die im Außenbereich nur zulässig sein sollen, wenn öffentliche Belange nicht entgegenstehen und eine ausreichende Erschließung gesichert ist. Sodann sind in Nr. 1 – 8 Vorhaben genannt, die sich über den ansonsten bestehenden Außenbereichsschutz hinwegsetzen und damit als *privilegiert* gelten, im Außenbereich zulässig zu sein *(privilegierte Vorhaben)*.[25] 150

aa) Privilegierungstatbestände

Die Privilegierungstatbestände im Einzelnen: 151

1. *„einem land- oder forstwirtschaftlichen Betrieb dient und nur einen untergeordneten Teil der Betriebsfläche einnimmt,"* 152

Auch den oben genannten Vorhaben im landwirtschaftlichen Bereich ist hier eine deutliche Einschränkung auferlegt. Sie dürfen nur einen untergeordneten Teil der Betriebsfläche einnehmen und müssen dem Betrieb *dienen*. Mit der Beschränkung des Dienens hat der Gesetzgeber sehr weitgehend festgelegt, dass hiermit nicht jede mehr oder weniger nützliche Betriebsergänzung gemeint ist. Hinsichtlich der Frage, ob ein Vorhaben in diesem Sinne einem land- oder forstwirtschaftlichen 153

[25] Grundsätze zur planungsrechtlichen Beurteilung von Bauvorhaben im Außenbereich – Außenbereichserlass (NRW), gemäß RdErl. d. Ministeriums für Bauen und Verkehr (VI A 1 – 901.34), und des Ministeriums für Umwelt und Naturschutz, Landwirtschaft und Verbraucherschutz (VII-2 – BauGB) vom 27. Oktober 2006.

Betrieb dient, ist insbesondere darauf abzustellen, ob ein vernünftiger Landwirt unter Berücksichtigung des Gebots größtmöglicher Schonung des Außenbereichs dieses Vorhaben mit etwa gleichem Verwendungszweck und mit etwa gleicher Gestaltung und Ausstattung für einen entsprechenden Betrieb errichten würde und das Vorhaben durch die Zuordnung zu dem konkreten Betrieb auch äußerlich erkennbar geprägt wird.[26]

154 2. *„einem Betrieb der gartenbaulichen Erzeugung dient,"*

155 Insbesondere werden mit diesem Privilegierungstatbestand Gewächshausanlagen im Gemüseanbau erfasst. Durch diesen besonderen oder eigenen Tatbestand wurde diese Bebauungsmöglichkeit eigenständig von der übrigen Landwirtschaft geregelt, ohne mit der Einschränkung „belastet" zu sein, nur einen untergeordneten Teil der Betriebsfläche auszumachen.

156 3. *„der öffentlichen Versorgung mit Elektrizität, Gas, Telekommunikationsdienstleistungen, Wärme und Wasser, der Abwasserwirtschaft oder einem ortsgebundenen gewerblichen Betrieb dient,"*

157 Mit diesem Privilegierungstatbestand wurde Rechnung getragen, dass es zu einer geordneten Versorgung der Bevölkerung notwendig sein wird, auch im Außenbereich technische Vorhaben und bauliche Anlagen unterzubringen, die für einen geordneten und funktionierenden Betriebsablauf notwendig sind. Eine große Rolle spielen hier Anlagen für Telekommunikationsdienstleistungen, die unter dem Namen „Handytürme" besser bekannt sein dürften.

158 4. *„wegen seiner besonderen Anforderungen an die Umgebung, wegen seiner nachteiligen Wirkung auf die Umgebung oder wegen seiner besonderen Zweckbestimmung nur im Außenbereich ausgeführt werden soll, es sei denn, es handelt sich um die Errichtung, Änderung oder Erweiterung einer baulichen Anlage zur Tierhaltung, die dem Anwendungsbereich der Nummer 1 nicht unterfällt und die einer Pflicht zur Durchführung einer standortbezogenen oder allgemeinen Vorprüfung oder einer Umweltverträglichkeitsprüfung nach dem Gesetz über die Umweltverträglichkeitsprüfung unterliegt, wobei bei kumulierenden Vorhaben für die Annahme eines engen Zusammenhangs diejenigen Tierhaltungsanlagen zu berücksichtigen sind, die auf demselben Betriebs- oder Baugelände liegen und mit gemeinsamen betrieblichen oder baulichen Einrichtungen verbunden sind,"*

159 Dieser Privilegierungstatbestand eröffnet nicht die Bebauungsmöglichkeiten im Außenbereich, wie es sich nach dem ersten Lesen der Norm vielleicht erwarten lässt. Der Gesetzgeber hat Vorhaben zusammengefasst, die gewisse Besonderheiten aufweisen, offenbar im Verhältnis zur übrigen Bebauung eine besondere Position einnehmen. Er hat aber auch geregelt, dass diese Vorhaben gerade wegen dieser

[26] BVerwG, DVBl 1973, S. 643.

Eigenschaften nur im Außenbereich ausgeführt werden sollen. Hiermit hat der Gesetzgeber eine deutliche Begrenzung vorgenommen. Mit dieser Einschränkung verlangt die Norm gewissermaßen nach einer Rechtfertigung dafür, dass ein Vorhaben trotz der vorauszusetzenden Eigenschaften nun auch im Außenbereich mit der bereits beschriebenen Zweckbestimmung untergebracht werden darf. Als Beispiel kann hier ein Golfplatz herangezogen werden. Zweifelsohne hat eine derartige Einrichtung allein wegen des großen Flächenbedarfs besondere Anforderungen an die Umgebung. Die tatsächliche Flächeninanspruchnahme steht aber gegenwärtig im Konflikt zur Zweckbestimmung des Außenbereichs, eben weiten Kreisen der Bevölkerung auch zur Naherholung zu dienen, bestimmt zu sein. Gerade hieran scheitert der Golfsport in Deutschland, der bei Weitem nicht die Stellung hat als Breitensport, wie etwa dies im Vereinigten Königreich der Fall ist. Das Bundesverwaltungsgericht hat hierzu bereits vor längerer Zeit abschlägig entschieden.[27] Einzelfälle von Privilegierungen siehe in den Ausführungen von Söfker.[28]

Bis 2013 unterfielen auch Anlagen zur industriellen Tierhaltung, insbesondere 160
Schweine- und Hühnermastanlagen, diesem Privilegierungstatbestand. Mit der Änderung des BauGB sind in Nr. 4 Schwellengrenzen des UVPG als Voraussetzung der Privilegierung normiert worden. Eine Privilegierung für solche Anlagen besteht nur gemäß § 35 Abs. 1 Nr. 4 BauGB, wenn die Schwellenwerte des UVPG nicht erreicht sind. (Damit sind Größenordnungen für Tiermastanlagen angesprochen, die wirtschaftlich eher nicht angestrebt werden. Im Ergebnis sollen sich dadurch Tiermastanlagen im planungsrechtlichen Außenbereich verringern.)

5. *„der Erforschung, Entwicklung oder Nutzung der Wind- oder Wasserenergie dient,“* 161

Durch diesen Privilegierungstatbestand hat der Gesetzgeber der Wind- und 162
Wasserkraft einen deutlichen Vorrang gegeben.

6. *„der energetischen Nutzung von Biomasse im Rahmen eines Betriebes nach Nummer* 163
1 oder 2 oder eines Betriebes nach Nummer 4, der Tierhaltung betreibt, sowie dem Anschluss solcher Anlagen an das öffentliche Versorgungsnetz dient, unter folgenden Voraussetzungen:

a) das Vorhaben steht in einem räumlich-funktionalen Zusammenhang mit dem 164
Betrieb,

b) die Biomasse stammt überwiegend aus dem Betrieb oder überwiegend aus diesem 165
und aus nahe gelegenen Betrieben nach den Nummern 1, 2 oder 4, soweit letzterer Tierhaltung betreibt,

c) es wird je Hofstelle oder Betriebsstandort nur eine Anlage betrieben und 166

[27] BVerwG, Beschluss vom 9. Oktober 1991 – 4 B 176.91 –, BauR 1992, S. 52.
[28] Söfker in Ernst/Zinkahn/Bielenberg/Krautzberger, BauGB, § 35 Rn. 57.

167 *d) die Kapazität einer Anlage zur Erzeugung von Biogas überschreitet nicht 2,3 Millionen Normkubikmeter Biogas pro Jahr, die Feuerungswärmeleistung anderer Anlagen überschreitet nicht 2,0 Megawatt,"*

168 Dieser Privilegierungstatbestand befasst sich mit einer sehr beschränkten Möglichkeit zur energetischen Nutzung von Biomasse im ländlichen Bereich. Die Beschränkungen sind in erster Linie auch dazu bestimmt, industrielle Ausuferungen dieser Marktsequenz in den Griff zu bekommen.

169 7. *„der Erforschung, Entwicklung oder Nutzung der Kernenergie zu friedlichen Zwecken oder der Entsorgung radioaktiver Abfälle dient, mit Ausnahme der Neuerrichtung von Anlagen zur Spaltung von Kernbrennstoffen zur gewerblichen Erzeugung von Elektrizität, oder"*

170 Mit dem Privilegierungstatbestand zu Nr. 6 wird der Existenz und der Notwendigkeit von Anlagen zur Nutzung der Kernenergie „quasi in Abwicklung" Rechnung getragen. Die Herausnahme der planungsrechtlichen Privilegierung der Neuerrichtung von Atomkraftwerken ist durch den Gesetzgeber in unmittelbarer Folge des Unfalls von Fukushima (11. März 2011) mit der Klimaschutznovelle[29] geregelt worden.

171 8. *„der Nutzung solarer Strahlungsenergie in, an und auf Dach- und Außenwandflächen von zulässigerweise genutzten Gebäuden dient, wenn die Anlage dem Gebäude baulich untergeordnet ist."*

172 Dieser Privilegierungstatbestand ist ebenfalls 2011 mit der Klimaschutznovelle als neuer Tatbestand eingefügt worden. Den verschiedenen Arten von Anlagen zur Ausnutzung solarer Strahlungsenergie im Außenbereich soll hiermit Rechnung getragen werden. Es hat in dem Zusammenhang bis dahin gelegentlich Unsicherheiten gegeben, wenn Solaranlagen an und auf vorhandenen Außenbereichsgebäuden errichtet werden sollten.

b) Öffentliche Belange

173 Öffentliche Belange dürfen einem privilegierten Vorhaben nicht entgegenstehen. Anders als bei sonstigen Vorhaben, bei denen öffentliche Belange nicht beeinträchtigt werden dürfen, hat der Gesetzgeber hier in der Gewichtung zunächst das für den Außenbereich durch Privilegierung vorgesehene Vorhaben gestellt. Nur wenn in einer vorzunehmenden Gewichtung ein öffentlicher Belang in seiner Wertigkeit überwiegt und damit entgegensteht, führt dies zur Unzulässigkeit eines Vorhabens, – *z. B., eine Autobahntrasse müsste insgesamt ausweichen, Belange der Flugsicherung können Windenergieanlagen entgegenstehen.* Zur Bedeutung öffentlicher Belange im Außenbereich siehe im Einzelnen in den Ausführungen von Reidt/Mitschang.[30]

---

[29] Gesetz zur Förderung des Klimaschutzes bei der Entwicklung in den Städten und Gemeinden vom 22. Juli 2011 (BGBl. I S. 1509).

[30] Mitschang/Reidt in Battis/Krautzberger/Löhr, BauGB, 13. Auflage, § 35 Rn. 68.

Die Gemeinden haben gemäß § 35 Abs. 3 S. 3 BauGB die Möglichkeit, privilegierte Vorhaben nach Nr. 2 – 6 durch Darstellungen im Flächennutzungsplan zu steuern. Sie haben die Möglichkeit, für bestimmte privilegierte Vorhaben sog. Vorranggebiete darzustellen. Sind Flächen für die entsprechenden Anlagen (z. B. Windräder oder Tiermastanlagen) dargestellt worden, so sind diese Vorhaben an anderer Stelle unzulässig. Die gesetzliche Privilegierung wird aus dem gesamten Außenbereich einer Gemeinde in das Vorranggebiet gelenkt. Dadurch erhält die Gemeinde die Möglichkeit, insbesondere örtlichen Erfordernissen Rechnung zu tragen. Die dargestellten Flächen müssen allerdings eine Größe aufweisen, um für die privilegierten Vorhaben Raum von substanzieller Größe zu schaffen[31]. Eine Gemeinde darf sich mit anderen Worten durch diese Planungsmöglichkeit nicht über den jeweiligen Privilegierungstatbestand, der vom Gesetzgeber ausdrücklich gewollt ist, hinwegsetzen. Privilegierte Vorhaben sind im Außenbereich gemäß § 35 Abs. 1 BauGB grundsätzlich planungsrechtlich zulässig. Oberhalb der Ebene der Gemeinde steht auch den Trägern der Raumordnung, siehe Ziele der Raumordnung, eine vergleichbare Möglichkeit zu. So können z.B. auch auf regionaler Ebene (Kreisebene) Vorranggebiete für bestimmte privilegierte Vorhaben gebildet werden. Die Wirkung eines entgegenstehenden Belangs tritt dann gemeindeübergreifend ein. 174

c) Sonstige Vorhaben, § 35 Abs. 2 BauGB

Die Zulassungsnorm zu den sonstigen Vorhaben im Außenbereich ist quasi als *Einzelfallgerechtigkeit* zu sehen. Mit dieser Norm soll erreicht werden, dass Vorhaben, denen kein Privilegierungstatbestand i. S. d. Absatz 1 zugeordnet werden kann, die aber auch nicht dazu imstande sind, öffentliche Belange zu beeinträchtigen, zugelassen werden dürfen. Eher missverständlich erweckt insofern die Formulierung des Gesetzgebers in § 35 Abs. 2 BauGB *sonstige Vorhaben können im Einzelfall zugelassen werden* den Eindruck, dass es sich hier um eine Ermessensnorm handelt. Es handelt sich bei einer Entscheidung nach § 35 Abs. 2 BauGB nicht um eine Ermessensentscheidung.[32] Das *Können* ist vielmehr im Sinne eines Dürfens zu verstehen. Es dürfen über den Grundsatz des § 35 Abs. 1 BauGB hinaus Vorhaben unter den dort genannten Voraussetzungen zugelassen werden. 175

Allerdings hat der Gesetzgeber hier hinsichtlich der Gewichtung der in die Entscheidung einzubeziehenden **öffentlichen Belange** im Vergleich zu den privilegierten Vorhaben einen „Paradigmenwechsel" vorgenommen. Öffentliche Belange **dürfen** danach nicht einmal beeinträchtigt sein. Im Vordergrund stehen hier die in § 35 Abs. 3 BauGB beispielhaft aufgezählten öffentlichen Belange, deren Berührtheit in den meisten Fällen einer Bebauung des Außenbereichs vorliegen dürfte. Also wird im Ergebnis lediglich nur in sehr seltenen Fällen eine Zulassung als *sonstiges Vorhaben* infrage kommen, weil nahezu immer irgendeine Beeinträchtigung eines öffentlichen Belangs vorliegen wird. Dieses Ergebnis liegt i. S. d. vom Gesetzgeber gewollten Zwecks des Außenbereichs. Nur in sehr seltenen Fällen wird es einmal eine Konstellation geben, dass ein sonstiges Vorhaben keine öffentlichen Belange 176

---

[31] BVerwG, Urteil vom 11. April 2013 – 4 CN 2/12–, NVwZ 2013, S. 1017

[32] Roeser in: Berliner Kommentar BauGB, § 35 Rn. 55.

berührt. Dann allerdings entsteht auch ein Genehmigungsanspruch.[33, 34] Nur so ist es allerdings auch möglich, den beschriebenen und gewollten Schutz des Außenbereichs vor zunehmender Bebauung zu erreichen.

d) Begünstigte sonstige Vorhaben (§ 35 Abs. 4 BauGB)

177 Im Hinblick auf den hohen Umnutzungsdruck bezüglich vorhandener Bebauung im Außenbereich, die entweder historischen Ursprungs ist oder deren Privilegierung wegen einer zurückliegenden Nutzungsaufgabe nicht mehr vorliegt – im Vordergrund steht hier Bebauung, die aus ehemals privilegierter landwirtschaftlicher Nutzung stammt –, hat der Gesetzgeber Vorhaben im § 35 Abs. 4 BauGB zusammengefasst, denen als nunmehr sonstige Vorhaben i. S. d. § 35 Abs. 2 BauGB einzelne öffentliche Belange (§ 35 Abs. 4 S. 1 BauGB) nicht entgegengehalten werden können. Dadurch wird erreicht, dass vorhandene Bebauung mit einer Nutzungsperspektive und einem weitestgehenden Außenbereichsschutz weiter genutzt werden darf.

Beispiele:

Ein – altes und vielleicht auch schönes - landwirtschaftliches Gebäude ist wirtschaftlich für den Betrieb nicht mehr nutzbar. Gemäß § 35 Abs. 4 Nr. 1 BauGB ergeben sich Möglichkeiten, es einer sinnvollen Nutzung zuzuführen, auch wenn es keine privilegierte Nutzung ist. Sogar eine Wohnnutzung – bis zu drei Wohnungen – kann verwirklicht werden.

Ein seit jeher vorhandenes Wohngebäude, welches aufgrund eines erheblichen Sanierungsdruckes jedoch wirtschaftlich nur durch einen Neubau „saniert“ werden könnte, dürfte gemäß § 35 Abs. 4 Nr. 2 BauGB neu genehmigt werden. Historische Gebäude im Außenbereich, z. B. eine alte Windmühle, dürfen einer neuen Nutzung zugeführt werden, wenn sie bei der Gelegenheit in ihrem prägenden Gestaltwert erhalten bleiben, § 35 Abs. 4 Nr. 4 BauGB. Auch hier wäre eine Nutzungsänderung allein unter einer Betrachtung als sonstiges Vorhaben nach § 35 Abs. 2 BauGB unzulässig.

e) Außenbereichssatzung (§ 35 Abs. 6 BauGB)

178 Soweit der Gesetzgeber mit der Begünstigungsnorm des § 35 Abs. 4 BauGB Bebauungs- oder Nutzungsperspektiven selbst normiert, ermöglicht es § 35 Abs. 6 BauGB der Gemeinde selbst, durch Satzung für bestimmte Bereiche Begünstigungen für Wohnnutzungen zu schaffen. Besiedelten Bereichen im Außenbereich, die nach den Normen des § 34 Abs. 1 BauGB mangels Erfüllung der Anwendungsvoraussetzungen nicht beurteilt werden dürfen, kann hierdurch eine Entwicklungsmöglichkeit gegeben werden.[35]

---

[33] BVerwG, 29. April 1964 – I C 30.62 –, DVBl 1964, S. 527 – 530.

[34] Söfker in Krautzberger et al., BauGB, § 35 Rn. 73.

[35] Deutsches Institut für Urbanistik, Difu-Arbeitshilfe – Die Satzungen nach dem Baugesetzbuch, 3. Aufl. 2013, S. 89.

f) Außenbereichsschutz

Mit § 35 Abs. 5 S. 1 BauGB ist allen Außenbereichsvorhaben die schonende und flächenbegrenzende Verpflichtung hinsichtlich deren Ausführung auferlegt worden. Im Vordergrund steht dabei aus Gesichtspunkten des Bodenschutzes die Minimierung der Bodenversiegelung. Vorhaben nach den Privilegierungstatbeständen Nr. 2 - 6 wird gemäß § 35 Abs. 5 S. 2 BauGB zudem die Rückbauverpflichtung nach Nutzungsaufgabe abverlangt, die nach Landesrecht auch möglichst durch *Baulas*t gesichert werden soll. 179

6. Zulassung während der Planaufstellung (§ 33 BauGB)

Eine planungsrechtliche Zulässigkeit oder Unzulässigkeit lässt sich grundsätzlich nur aus den drei Hauptzulässigkeitsnormen (§§ 30 Abs. 1, 2, 34, 35 BauGB) ableiten. Mit diesen planungsrechtlichen Zulässigkeitsnormen ist für jeden Bereich der Gemeinde eine adäquate Rechtsgrundlage vorhanden, um über ein Vorhaben zu entscheiden. Soweit hiernach ein Vorhaben unzulässig ist, aber zu gleicher Zeit ein Verfahren zur Aufstellung eines Bebauungsplans durch die Gemeinde betrieben wird, besteht gemäß § 33 BauGB eine Zulassungsmöglichkeit (Genehmigungsanspruch) während der Planaufstellung. Der Gesetzgeber hat aus der Sicht, insbesondere Investitionsvorhaben zu beschleunigen, aber auch die Interessen des Eigentums zu berücksichtigen, eine recht ungewöhnliche Norm geschaffen. Die Norm kommt nur nachrangig in Betracht und ist auch nicht dazu geeignet, die planungsrechtliche Unzulässigkeit von Bebauung zu begründen. § 33 BauGB ist eine durch den Bauherrn „mitwirkungsbedürftige“ Norm. 180

181

Zulassung während der Planaufstellung (§ 33 Abs. 1 BauGB)	
Anwendungsvoraussetzungen:	§ 33 Abs. 1 HS 1 BauGB setzt voraus, dass das betriebene Bebauungsplanverfahren durch einen Beschluss des zuständigen Gemeindeorgans (in Niedersachsen VA) eingeleitet wurde und dass dieser Beschluss auch öffentlich gemacht wurde, Aufstellungsbeschluss i. S. v. § 2 Abs. 1 S. 2 BauGB. Siehe hierzu auch Bauleitplanverfahren
Formelle Planreife:	§ 33 Abs. 1 Nr. 1 BauGB setzt hinsichtlich des bereits begonnenen Bauleitplanverfahrens voraus, dass die in der Norm genannten Verfahrensschritte insgesamt und vollständig durchgeführt worden sind. Mit dem Erreichen dieses Verfahrensstands besteht formelle Planreife. Hierzu gehört die abgeschlossene förmliche Öffentlichkeitsbeteiligung (§ 3 Abs. 2 BauGB) und die förmliche Trägerbeteiligung (§ 4 Abs. 2 BauGB).
materielle Reife:	§ 33 Abs. 1 Nr. 2 BauGB verlangt, dass das Vorhaben den künftigen Festsetzungen des neuen Bebauungsplans nicht entgegensteht. Zunächst ist damit natürlich eine Übereinstimmung mit den Festsetzungsinhalten gemeint. Die Forderung, dass das Vorhaben den künftigen Festsetzungen nicht entgegenstehen darf, geht jedoch weiter. Hierin liegt die eigentliche Annahme der materiellen Planreife, denn sie setzt voraus, dass nach dem Planungsrecht ein hinreichend sicherer Schluss dahin gerechtfertigt sein muss, dass das Vorhaben deswegen zugelassen werden darf, weil die Festsetzungen und das Planwerk rechtmäßig zustande gekommen und abgewogen worden sind. Es darf nicht etwa noch eine abwägende Entscheidung eines Beschlussgremiums ausstehen, deren Ausgang offen ist. Ebenso dürfen keine offensichtlichen Rechtsverstöße im Ablauf des zurückliegenden Planverfahrens vorliegen. Oder schlicht, es muss die Annahme gerechtfertigt sein, dass der Bebauungsplan rechtmäßig in Kraft treten wird.
Anerkenntnis der Festsetzung:	Der Antragsteller muss gemäß § 33 Abs. 1 Nr. 3 BauGB die künftigen Festsetzungen für sich und seine Rechtsnachfolger schriftlich anerkennen. Das Anerkenntnis ist allein aus dem Grund notwendig, weil mit dem in Aufstellung befindlichen Bebauungsplan ein nicht rechtsverbindlicher Plan dennoch als Rechtsquelle angewendet werden soll. Da es sich – noch – nicht um eine allgemeinverbindliche materielle Norm handelt, ist es notwendig, dass sich der Antragsteller diesen künftigen Festsetzungen quasi freiwillig unterwirft und sie anerkennt. Diese Unterwerfungsnotwendigkeit ist ein anschaulicher Grund dafür, dass die Norm nicht für die Feststellung einer Unzulässigkeit von Bebauung infrage kommt. Die Wirkung dieser Unterwerfung endet für den Bauherrn mit dem Inkrafttreten des Bebauungsplans. Er ist dann allen gegenüber gleichgestellt und insbesondere auch dazu berechtigt, den Bebauungsplan anzufechten, was unter dem Bestand einer Unterwerfung nicht unproblematisch wäre[36]
Erschließung:	Wie bei allen übrigen Vorhaben ist für die Zulässigkeit das Vorhandensein einer gesicherten Erschließung notwendig (§ 33 Abs. 1 Nr. 4 BauGB).

36 BVerwG, Urteil vom 12.12.2018 – 4 C 6.17 -, https://www.bverwg.de/de/121218U4C6.17.0

Zu dem Genehmigungsanspruch, der bei Vorliegen der Voraussetzungen des § 33 Abs. 1 BauGB erwächst, treten zwei weitere Genehmigungsmöglichkeiten, die im Ermessen der Bauaufsichtsbehörde stehen. 182

- § 33 Abs. 2 BauGB 183
  Hierdurch ist ein Unterfall des § 33 Abs. 1 BauGB angesprochen. Gemeint ist hier der Fall, dass sich in einem Bebauungsplanverfahren, in dem bereits die förmlichen Beteiligungsverfahren durchgeführt worden sind, nach § 4a Abs. 3 BauGB eine erneute Beteiligungsnotwendigkeit ergibt, die aber nur noch von untergeordneter Bedeutung ist und das zu beurteilende Vorhaben nicht betrifft. Dieses kann sich z.B. daraus ergeben, dass an anderer Stelle im Planentwurf wegen geringfügiger Änderungen ein erneuter Beteiligungsbedarf entsteht, der mit dem zu beurteilenden Vorhaben in keinerlei Verbindung steht. Wegen der noch ausstehenden – untergeordneten – Beteiligung der besagten Eigentümer könnte zunächst noch nicht von den Voraussetzungen des § 33 Abs. 1 Nr. 1 BauGB ausgegangen werden, weil eben nach § 4a Abs. 3 BauGB eine erneute Beteiligung aussteht. § 33 Abs. 2 BauGB ermöglicht nun wegen der Tatsache, dass das noch durchzuführende Verfahren untergeordnet ist und das Vorhaben selbst nicht betrifft, eine Ermessensentscheidung, wenn die übrigen Voraussetzungen des § 33 Abs. 1 BauGB vorliegen.

- § 33 Abs. 3 BauGB 184
  In vereinfachten (§ 13 BauGB) und beschleunigten (§ 13a BauGB) Bebauungsplanverfahren kann ein Vorhaben im Ermessen der Bauaufsichtsbehörde in Abweichung von § 33 Abs. 1 BauGB zugelassen werden, wenn die Öffentlichkeits- und Behördenbeteiligung nach den in § 33 Abs. 1 Nr. 1 BauGB genannten Vorschriften noch nicht stattgefunden hat. Auf eine Beteiligung darf aber dennoch nicht verzichtet werden. Das Gesetz spricht von einer notwendigen Gelegenheit zur Stellungnahme vor Erteilung der (Bau-)Genehmigung innerhalb einer angemessenen Frist. Diese Genehmigungsmöglichkeit trifft eher für kleinere Bebauungsplanverfahren zu, in denen ein Austausch der gegenseitigen Interessen auch durch eine unmittelbare Nachbarbeteiligung durch Direktansprache möglich ist. Je größer der Kreis der Planbetroffenen, desto unwahrscheinlicher wird die Möglichkeit, nach dieser Norm eine Genehmigung zu erteilen. Auch hinsichtlich der zu beteiligenden Behörden ist von Verfahren auszugehen, die nur einen kleinen Kreis von Stellen interessieren wird. Auch aus dieser Sicht ist davon auszugehen, dass eine Anwendung der Norm für Vorhaben größerer Bedeutung nicht denkbar sein wird.

Zum weiteren Verständnis der Zulassungsnormen während der Aufstellung von Bebauungsplänen siehe die Ausführungen zur Bauleitplanung der Gemeinde. 185

7. Erschließung

Die städtebaulichen Zulassungsnormen verlangen als Genehmigungs- oder Zulässigkeitsvoraussetzung, dass eine gesicherte Erschließung vorhanden ist (§§ 30 Abs. 1 und 2, 34, 186

33 BauGB) bzw., dass von einer ausreichenden Erschließung auszugehen ist (§ 35 BauGB). Der Begriff der Erschließung wird im Bundesrecht im BauGB an mehreren Stellen, z. B. auch im Erschließungs- und Erschließungsbeitragsrecht (§ 123 ff. BauGB, § 127 ff. BauGB), verwendet. Das BauGB definiert diesen Begriff jedoch nicht. Nach der Rechtsprechung und der Literatur ist dieser Begriff inzwischen hinsichtlich eines *bundesrechtlichen Erschließungsbegriffs* ausgelegt worden, der auch in der Rechtsprechung verwendet wird.[37] Der bundesrechtliche Erschließungsbegriff umfasst zunächst zweierlei:

187 Wegemäßige Erschließung: Ein Grundstück ist in diesem Sinne erschlossen, wenn es so an einer öffentlichen Verkehrsfläche liegt, dass es jederzeit tatsächlich und rechtlich mit Versorgungs- und Rettungsfahrzeugen erreichbar ist. Die Verkehrsfläche muss dem Grundstück eine Zuwegung ermöglichen, die es gestattet, dass auf das Grundstück heraufgefahren werden kann.

188 Ver- und Entsorgung: Die Ver- und Entsorgung des Grundstücks muss sichergestellt sein, Wasser, Strom (Gas), Medien, Müllabfuhr.

189 Gegenstand der Erschließung ist damit mehr oder weniger die Erreichbarkeit eines Vorhabensgrundstücks über eine zumindest den Umständen entsprechend benutzbare Straße oder Baustraße. Die Erreichbarkeit i. S. d. Erschließungserfordernisses verlangt nicht, dass die entsprechende öffentliche Straße bereits vollständig in allen Teileinrichtungen ausgebaut ist. Weiterhin ist eine ordnungsgemäße Ver- und Entsorgung verlangt. Hinsichtlich der Ver- und Entsorgung kann es hier im Einzelfall je nach Gemeinde durchaus Unterschiede in der Qualität und im Umfang geben.

190 Für Außenbereichsvorhaben (§ 35 BauGB) verlangt das Gesetz das Vorhandensein einer *ausreichenden* Erschließung. Diese Einschränkung hängt mit der sehr unterschiedlichen Art der Vorhaben zusammen, die im Außenbereich Gegenstand eines Genehmigungsverfahrens sind. Eine vollständige Erschließung im o. g. Sinne ist für derartige Anlagen mitunter aus der Natur der Sache (des Vorhabens) nicht erforderlich, z. B. einen Mobilfunkmast.

191 Die Erschließung ist eine Aufgabe der Gemeinde (§ 123 Abs. 1 BauGB) ein Rechtsanspruch auf Erschließung besteht jedoch ausdrücklich nicht (§ 123 Abs. 3 BauGB). Im Rahmen des weiten Ermessens, das der Gemeinde aus ihrer Stellung als Trägerin der Selbstverwaltung (und der Planungshoheit) zusteht, wird sie eigenverantwortlich entscheiden, zu welchem Zeitpunkt sie zumindest für eine Benutzbarkeit der Erschließungsanlagen sorgt. Eine gewisse Verdichtung im Sinne einer Erschließungsverpflichtung wird sich jedoch dann ergeben, wenn die Gemeinde dazu beiträgt, dass entsprechende Baugenehmigungen erteilt werden.

192 Zum Teil befasst sich aber auch das Landesbaurecht mit Gegenständen der bundesrechtlichen Erschließung, wenngleich aus einem anderen gesetzgeberischen Blickwinkel – in der Regel ist hier eine im weiteren Sinne gefahrenabwehrrechtliche Betrachtung der Hintergrund – (§§ 4 und 41 NBauO).

[37] BVerwG, Urteil vom 3. Mai 1988 – 4 C 54.85 –, NVwZ 1989, S. 353.

8. Ausnahmen und Befreiungen (§ 31 BauGB)

Festsetzungen im Bebauungsplan sind als typisierend und pauschalisierend einzuordnen und sind dazu bestimmt, Grundlage für eine Vielzahl von Entscheidungsfällen zu sein. Aus der Sicht des Gesetzgebers bedurfte es daher eines Systems, wodurch in bestimmten Fällen flexibel und anlassbezogen entschieden werden kann. 193

Zunächst sieht § 31 Abs. 1 BauGB hierzu Regelungen für planungsrechtliche *Ausnahmen* vor:

Ausnahmen fassen Zulassungsmöglichkeiten im Einzelfall über die bereits durch im Bebauungsplan hinaus zulässigen Nutzungen zusammen. § 31 Abs. 1 BauGB verlangt allerdings, dass die zur Ausnahme zulassungsfähigen Sachverhalte bereits im Bebauungsplan enthalten sind und damit von der Gemeinde im Planwerk vorab als Ausnahmemöglichkeit vorgedacht und abgewogen worden sind. Die Gemeinde muss es danach bereits mit der Planung für vorstellbar erachten, dass Ausnahmen möglich sind und nach Vorliegen von Ausnahme begründenden Tatbeständen vom Regelfall abweichend im Einzelfall zugelassen werden dürfen. Art und Umfang möglicher Ausnahmen sind damit Bestandteil der Festsetzung im Bebauungsplan. Die abschließende planerische Entscheidung wird in diesem Sinne erst bei Gelegenheit der Zulassung nach der Direktive der ergangenen Abwägung getroffen. Über § 34 Abs. 2 HS 2 BauGB findet § 31 Abs. 1 BauGB entsprechende Anwendung in den im Zusammenhang bebauten Ortsteilen, in denen es zwar keine planerischen Festsetzungen gibt, aber eine entsprechende Prägung vorhanden ist. 194

Die Zulassung der Ausnahme ist sodann Gegenstand einer Ermessensentscheidung. Im Rahmen der Ermessensentscheidung ist die Bauaufsichtsbehörde an die Grundsätze der Ermessensausübung gebunden. Ein Anspruch auf Zulassung einer Ausnahme besteht zunächst nicht. 195

Über diese „planmäßige oder im Plan vorgesehene" Einzelfallentscheidungsmöglichkeit hinaus sieht § 31 Abs. 2 BauGB ebenfalls als Ermessensentscheidung vor, dass von den Festsetzungen des Bebauungsplans *befreit* werden kann; auch hierfür ist gemäß § 34 Abs. 2 HS 2 BauGB eine entsprechende Anwendung in den im Zusammenhang bebauten Ortsteilen normiert. 196

Grundvoraussetzung für die Genehmigung einer Befreiung ist, dass das dadurch ermöglichte Loslösen von den Festsetzungen des Bebauungsplans die Grundzüge der Planung[38] nicht berührt. Das planerische Grundkonzept des Bebauungsplans darf durch die Erteilung von Befreiungen insofern nicht Gefahr laufen, nach und nach aufgelöst zu werden, sodass von dem Wesensgehalt des ursprünglichen Bebauungsplans nichts mehr übrigbleibt (z. B. dass durch mehrere erteilte Befreiungen zum Maß der baulichen Nutzung aus einer eingeschossigen Bebauung eine zwei- oder dreigeschossige wird.). 197

[38] „Ein von den Festsetzungen des Bebauungsplans abweichendes Vorhaben berührt die Grundzüge der Planung, wenn es dem planerischen Grundkonzept zuwiderläuft. Je tiefer die Befreiung in das Interessengeflecht der Planung eingreift, desto eher liegt der Schluss auf eine Änderung in der Planungskonzeption nahe, die nur im Wege der (Um-)Planung möglich ist" BVerwG, Urteil vom 18. November 2010 – 4 C 10.09 –, BauR 2011, S. 623.

198 Weiterhin bedarf es neben dieser Grundvoraussetzung eines Befreiungstatbestandes. In § 31 Abs. 2 Nr. 1 – 3 BauGB sind alternativ und abschließend drei Befreiungstatbestände genannt, die inhaltliche Voraussetzung für eine Befreiung sein können:

199 1. Gründe des Wohls der Allgemeinheit:	Hiermit sind im öffentlichen Interesse liegende Belange gemeint, die es als „vernünftigerweise geboten" erscheinen lassen, dass von den Festsetzungen des Bebauungsplans befreit wird. **Ebenso zählt hierzu der Bedarf zur Unterbringung von Flüchtlingen oder Asylbegehrenden.**
200 2. Städtebauliche Vereinbarkeit:	Mit diesem Auffangtatbestand einer Befreiungslage lassen sich alle Umstände von Befreiungen beschreiben, die so auch Gegenstand einer geordneten Planung hätten sein können (= städtebaulich vertretbar).
201 3. Nicht beabsichtigte Härte:	Hiermit ist eine Härtefallregelung für vom Plangeber nicht gewollte Härten benannt. Es muss sich also um Härtefälle handeln, die durch die Festsetzungen eines Bebauungsplans entstehen, von denen man annehmen kann, dass die planende Gemeinde sie in deren Kenntnis nicht gewollt hätte. Hat die Gemeinde mit dem Plan und der Abwägung allerdings erkannt, dass sich Härten für Einzelne ergeben werden, so kann es sich dabei nicht um unbeabsichtigte Härten handeln, die durch Befreiung zu beheben sind.

202 Der letzte Satzteil des § 31 Abs. 2 BauGB stellt eine mit Blick auf die zu erteilende Befreiung vorzunehmende Würdigung öffentlicher und privater Belange dar. Damit nimmt der Gesetzgeber Bezug auf das Begründungs- und Abwägungsgeflecht im Zuge des Zustandekommens des Bebauungsplans. Der Bebauungsplan ist gemäß § 1 Abs. 7 BauGB das Ergebnis einer ausgewogenen Abwägungsentscheidung, einer Abwägung öffentlicher und privater Belange. Von daher ist es folgerichtig, dass auch bei Gelegenheit des Loslösens von einzelnen Festsetzungen eine Vereinbarkeit mit einzelnen Belangen der Abwägung Voraussetzung ist.

203 Einzelne Landesbauordnungen sehen unter den dort vorhandenen Dispensvorschriften (Abweichungen, Ausnahmen, Befreiungen) vor, dass die Zulassung von Ausnahmen und Befreiungen nach dem städtebaulichen Planungsrecht eines gesonderten schriftlichen Antrags bedarf (MBO § 67 Abs. 2, § 66 NBauO). § 66 Abs. 6 NBauO erklärt die formalen Anforderungen der Abweichung auch für Befreiungen vom übrigen öffentlichen Baurecht für anwendbar, soweit nichts anderes bestimmt ist. § 31 Abs. 2 BauGB setzt hingegen keinen ausdrücklichen Antrag für eine Befreiung voraus.[39] Materiell kommt im Rahmen einer Ermessensentscheidung eine Befreiung in Betracht, wenn die gesetzlichen Voraussetzungen der Norm gegeben sind. Weiterhin sind die Grenzen des Ermessens einzuhalten.

---

39 Schiller in Gelzer et al., Rz. 1976.

Für einen Übergangszeitraum bis zum 31. Dezember 2019 ist durch die sog. Flüchtlingsnovellen[40] des BauGB in die Systematik der planungsrechtlichen Zulassung-, Befreiungs- und Einvernehmensnormen eingegriffen worden, um die Herausforderungen der anhaltenden Flüchtlingsströme nach Deutschland bewältigen zu können. In § 246 Abs. 8 – 17 BauGB sind danach zeitlich befristet Regelungen aufgenommen worden, um die besonderen Herausforderungen in nationaler Verantwortung zu meistern, es zu schaffen, die sich für die Städte und Gemeinden daraus ergeben haben, Flüchtenden vor Krieg, Verfolgung und Not Unterkunft zu geben. Diese Übergangsregelungen haben sich auf alle planungsrechtlichen Bereiche bezogen. Dieses vorübergehende Recht ist in dieser Auflage nur noch zur Information enthalten. Der Gesetzgeber hat dieses Sonderrecht, um das erheblich gestritten und politisch gerungen wurde, nicht verlängert. Wohl auch aus dem Grund, weil zum Teil erhebliche Kompromisse eingegangen wurden, um zumindest für absehbare Zeiträume Menschen in Bereichen in den Städten und Gemeinden unterzubringen, die nach den bisherigen und weiterhin bestehenden Wertvorstellungen nicht unbedingt dazu geeignet sind. Weiterhin ist im Rahmen der im Jahr 2019 vom Bundesministerium des Innern, für Bau und Heimat eingesetzten Expertenkommission "Nachhaltige Baulandmobilisierung und Bodenpolitik - Baulandkommission" die Auffassung vertreten worden, dass Gemeinden nunmehr dazu in der Lage sein sollten, für notwendige Unterbringung Bauleitplanung zu betreiben. (Siehe auch folgende Tabelle für das bisherige Recht): 204

205

Planungsrechtliche Zulassung von Flüchtlingsunterkünften und entsprechenden Einrichtungen nach den besonderen Regelungen der Flüchtlingsnovellen des BauGB, befristet bis zum 31. Dezember 2019		
Planungsrechtliche Situation	**Gebietsart**	**Genehmigungsregelung im Einzelnen**
Im qualifizierten Bebauungsplan § 30 Abs. 1 BauGB	GE	Befreiung, wenn Anlagen für soziale Zwecke im Bebauungsplan vorgesehen sind (§ 246 Abs. 10 BauGB)
	WS, WR, WA, WB, MD, MI, MK (auch übergeleitete Baugebiete)	Wenn Anlagen für soziale Zwecke als Ausnahme im Bebauungsplan vorgesehen sind, dann hat die Ausnahme Vorrang, sie **soll** erteilt werden (§ 246 Abs. 11 BauGB)
	alle Baugebiete	Für die Errichtung mobiler Anlagen besteht eine auf drei Jahre befristete Befreiungsmöglichkeit (§ 246 Abs. 12 BauGB)
	GE, GI, SO	Befreiungsmöglichkeit für Nutzungsänderungen zulässigerweise errichteter baulicher Anlagen, befristet auf drei Jahre (§ 246 Abs. 12 BauGB)
	alle Baugebiete und darüber hinaus	Zulassung durch Abweichung von den Vorschriften des BauGB durch die **höhere Verwaltungsbehörde** § 246 Abs. 14 BauGB

[40] Gesetz über **Maßnahmen im Bauplanungsrecht zur Erleichterung der Unterbringung von Flüchtlingen** vom 20. November 2014, BGBl. I S. 1748, Inkrafttreten: 26. November 2014;
Art. 6 des Asylverfahrensbeschleunigungsgesetzes vom 10. Oktober 2015, BGBl. I S. 1722, Inkrafttreten: 24. Oktober 2015.

Im in Zusammenhang bebauten Ortsteil § 34 BauGB	§ 34 Abs. 2 BauGB G	Befreiung, wenn Anlagen für soziale Zwecke vorgesehen § 246 Abs. 10 BauGB
	§ 34 Abs. 2 BauGB WS, WR, WA, WB, MD, MI, MK	Wenn Anlagen für soziale Zwecke als Ausnahme möglich sind, dann hat die Ausnahme Vorrang, sie soll erteilt werden (§ 246 Abs. 11 BauGB)
	§ 34 Abs. 2 BauGB GE, GI,SO	Befreiungsmöglichkeit für Nutzungsänderungen zulässigerweise errichteter baulicher Anlagen, befristet auf drei Jahre (§ 246 Abs. 12 BauGB)
	§ 34 Abs. 3a BauGB	Entsprechende Anwendung der Norm des § 34 Abs. 3a BauGB für Nutzungsänderungen sich ansonsten **nicht einfügender Anlagen § 246 Abs. 8 BauGB**
	gesamter Innenbereich	Zulassung durch Abweichung von den Vorschriften des BauGB durch die **höhere Verwaltungsbehörde** (§ 246 Abs. 14 BauGB)
Im Außenbereich	Im räumlichen Zusammenhang mit Baugebieten nach § 30 Abs. 1 und § 34 BauGB	Für Vorhaben zur Flüchtlingsunterbringung tritt die Rechtsfolge des § 35 Abs. 4 Satz 1 BauGB ein, bestimmte öffentliche Belange können damit nicht entgegengehalten werden (§ 246 Abs. 9 BauGB)
	mobile Unterkünfte	Im gesamten Außenbereich zulassungsfähig für drei Jahre. Es tritt die Rechtsfolge des § 35 Abs. 4 Satz 1 BauGB ein, bestimmte öffentliche Belange können damit nicht entgegengehalten werden (§ 246 Abs. 13 BauGB)
	Nutzungsänderungen vorhandener Gebäude	Zulässigerweise im Außenbereich errichtete Gebäude dürfen für Aufnahmeeinrichtungen und Unterkünfte umgenutzt werden. Es tritt die Rechtsfolge des § 35 Abs. 4 Satz 1 BauGB ein, bestimmte öffentliche Belange können damit nicht entgegengehalten werden (§ 246 Abs. 13 BauGB)
	gesamter Außenbereich	Zulassung durch Abweichung von den Vorschriften des BauGB durch die **höhere Verwaltungsbehörde (§ 246 Abs. 14 BauGB)**[41]

III. Gemeindliches Einvernehmen (§ 36 BauGB)

206 Mit den vorangegangenen Ausführungen sind die planungsrechtlichen Zulassungsnormen dargelegt worden. Aus der Sicht der die Planungshoheit (Art. 28 Abs. 2 GG) innehabenden Gemeinde sind deren Mitwirkungsmöglichkeiten bei bloßer Draufsicht zunächst recht unterschiedlich. Sehr umfassend ist die Einflussmöglichkeit der Gemeinde, wenn die Bauaufsichtsbehörde auf der Grundlage eines von der Gemeinde erlassenen qualifizierten

[41] Für diese Entscheidung nahm in Niedersachsen die oberste Bauaufsichtsbehörde die Aufgabe wahr, Niedersächsisches Ministerium für Umwelt, Energie, Bauen und Klimaschutz. Siehe auch§ 1 Abs. 1 Nr. 2 DVO-BauGB

Bebauungsplans entscheidet (§ 30 Abs. 1 BauGB). Die Inhalte dieses Bebauungsplans hat die Gemeinde als Satzungsgeberin entschieden. Daran ist die Bauaufsichtsbehörde gebunden. Eine weitere Beteiligung der Gemeinde drängt sich nicht auf. Hinsichtlich einer Entscheidung nach den §§ 34 und 35 BauGB ergeben sich die Genehmigungstatbestände nach den Vorgaben des Baugesetzbuchs. § 31 BauGB wird eingesetzt, um die Festsetzungen eines Bebauungsplans im Einzelfall zu konkretisieren. Bei der Anwendung des § 33 BauGB ist das Planverfahren im Ablauf und hinsichtlich seiner Wirkung zu beurteilen. Um der Gemeinde im Verhältnis zur Bauaufsichtsbehörde (in der Regel der Landkreis) wegen ihrer besonderen Stellung eine geregelte Teilhabe zu ermöglichen, hat der Bundesgesetzgeber der Gemeinde ein formales Mitspracherecht eingeräumt. Dieses formale Beteiligungsrecht der Gemeinde besteht eigenständig neben den nach dem Landesrecht üblichen Beteiligungen bzw. Unterrichtungen der Gemeinde.[42] Über das Einvernehmen hat der Gesetzgeber die Rechte der Gemeinde als Rechtsträgerin berücksichtigt. Einer solchen verfahrensmäßigen Berücksichtigung bedarf es nicht, wenn die Gemeinde gleichzeitig aufgrund ihrer Größe und Verwaltungskraft Bauaufsichtsbehörde/ Baugenehmigungsbehörde ist, z.B. § 57 Abs. 1 NBauO (kreisfreie Städte, große selbständige Städte). In solchen Fällen ist § 36 BauGB **nicht anzuwenden**. In den genannten Städten ist es eine Frage der Herstellung einer einheitlichen Verwaltungsmeinung (Fachbereiche Stadtplanung und Bauordnung), wenn es darum geht, die Belange der planenden Gemeinde einzubringen.

Einvernehmen der Gemeinde (§ 36 BauGB) 207

Anwendung:	§ 31 Abs.1 BauGB *Ausnahmen* § 31 Abs. 2 BauGB *Befreiungen* § 33 BauGB *Zulassung während der Planaufstellung* § 34 BauGB *innerhalb der im Zusammenhang bebauten Ortsteile* § 35 BauGB *Außenbereich*
Inhalt der Entscheidung:	Die Gemeinde bekommt die Möglichkeit, die städtebauliche Überprüfung nachzuvollziehen. Eine Versagung des Einvernehmens ist nur aus der jeweils betroffenen städtebaulichen Zulassungsnorm heraus zulässig (§ 36 Abs. 2 S. 1 BauGB)
Frist/Verfahren:	• Gemeinde hat zur Entscheidung eine Frist von zwei Monaten • Nach Ablauf der Zweimonatsfrist tritt Fiktion des Einvernehmens ein • Fristbeginn: – Ersuchen durch BAB bei der Gemeinde – Einreichen des (Bau)Antrags bei der Gemeinde wenn landesrechtlich vorgesehen (in Niedersachsen § 67 Abs. 1 NBauO), • Rechtswidrig versagtes Einvernehmen kann ersetzt werden } § 36 Abs. 2 S. 2 (in Niedersachsen durch untere BAB – § 2 DVO-BauGB) gemäß § 36 Abs. 2 S. 3 BauGB.

[42] Große-Suchsdorf, § 70 Rn. 198 ff.

208 Das Vorliegen des Einvernehmens ist bei den genannten Entscheidungen ein *formelles Rechtmäßigkeitserfordernis.* Eine ohne erforderliches Einvernehmen erteilte Genehmigung eines Vorhabens ist formell rechtswidrig![43]

209 Gemäß § 36 Abs. 2 S. 1 BauGB ist die Gemeinde hinsichtlich ihrer Entscheidung jedoch an die entsprechenden Normen des BauGB gebunden. Es ist ihr danach verwehrt, aus anderen als den hier festgelegten städtebaulichen Gründen eine Einvernehmenserteilung zu verweigern. Der Gemeinde steht für ihre Entscheidung über die Erteilung oder die Versagung des Einvernehmens eine Frist von zwei Monaten zu (§ 36 Abs. 2 S. 2 BauGB). Äußert sich die Gemeinde nicht innerhalb dieser Frist, so gilt das Einvernehmen als erteilt (gesetzliche Fiktion).

210 Der Beginn der Frist setzt ein Ersuchen auf Erteilung des Einvernehmens voraus. Die Berechnung der Frist erfolgt nach §§ 188 Abs. 2, 187 Abs. 1 BGB. Hinsichtlich des Beginns der Frist sieht § 36 Abs. 2 S. 2 HS 2 BauGB vor, dass dem Ersuchen nach dem Einvernehmen die Antragseinreichung bei der Gemeinde gleichzusetzen ist, wenn nach dem Landesrecht ein Bauantrag bei der Gemeinde einzureichen ist (z. B. § 67 Abs. 1 NBauO). In Niedersachsen beginnt die Zweimonatsfrist mit dem Eingang des Bauantrags/ der Bauvoranfrage bei der Gemeinde, auch in den Fällen, in denen die Gemeinde innerhalb einer Woche an die zuständige Bauaufsichtsbehörde weiterleiten muss, § 69 Abs. 1 NBauO.

211 § 36 BauGB setzt einen gesetzlichen Rahmen für die Einbeziehung der Gemeinde und stellt dabei auch klar, in welchem Umfang sich die Gemeinde einbringen darf. Etwas eigentümlich mutet insofern § 36 Abs. 2 S. 3 BauGB an, der bereits eine Regelung für ein rechtswidriges Versagen des Einvernehmens trifft und den Gemeinden damit verdeutlicht, dass rechtswidriges Handeln von Gemeinden regelungsbedürftig ist.

212 Die Norm sieht vor, dass unter diesen Umständen – rechtswidriges Versagen – die durch Landesrecht bestimmte Behörde das zu erteilende Einvernehmen ersetzt. Die jeweiligen Ausführungsnormen zum BauGB in den Ländern bzw. die Landesbauordnungen sehen in diesem Sinne Zuständigkeitsregelungen vor. In der Regel ist hierzu die untere Bauaufsichtsbehörde eingesetzt (§ 2 DVO-BauGB Niedersachsen).

213 Die Erteilung oder die Versagung des Einvernehmens durch die Gemeinde ist kein Verwaltungsakt. Es handelt sich hierbei um einen Rechtsvorgang, der zwischen Bauaufsichtsbehörde und Gemeinde stattfindet und damit verwaltungsintern ist. Ist die Verweigerung des gemeindlichen Einvernehmens letztlich der Grund dafür, dass ein Bauantrag oder eine Bauvoranfrage abgelehnt wurde, kann durch den Antragsteller hiergegen

[43] Ist die Anwendung des § 36 Abs. 1 S. 1 BauGB eröffnet, entfaltet sich dessen planungsrechtliche Schutzfunktion: Die vorgesehene Mitwirkung der Gemeinde dient der Sicherung der gemeindlichen Planungshoheit. Bereits die Missachtung des gesetzlich gewährleisteten Rechts der Gemeinde auf Einvernehmen führt zur Aufhebung der Baugenehmigung; einer materiell-rechtlichen Überprüfung der Rechtslage bedarf es nicht. BVerwG, Beschluss vom 11. August 2008 – 4 B 25.08 –, ZfBR 2008, S. 795.

nicht unmittelbar mit Rechtsmitteln vorgegangen werden. In Betracht kommt allerdings eine Anfechtung des abgelehnten Baugesuchs durch einen Verpflichtungswiderspruch.

IV. Baumaßnahmen des Bundes und der Länder (§ 37 BauGB)

Mit § 37 Abs. 1 und 2 BauGB nimmt der Gesetzgeber Zulassungsverfahren für bauliche Anlagen des Bundes und der Länder mit besonderer Zweckbestimmung aus der üblichen Entscheidungszuständigkeit heraus und drängt auch die Rechte der Gemeinde als Trägerin der Planungshoheit zurück. Bauliche Anlagen besonderer Zweckbestimmung in diesem Sinne sind z. B. Anlagen der Landesverteidigung, des Bevölkerungsschutzes, der Bundespolizei etc. 214

Für die Zulassung dieser Anlagen ist die Entscheidung bzw. die Zustimmung der *höheren Verwaltungsbehörde*[44] notwendig. Befugnisse der Gemeinde sind hier nur noch untergeordnet vorhanden (Anhörungsrecht). Für einzelne Baumaßnahmen des Bundes ist nach dem Versagen der Zustimmung der höheren Verwaltungsbehörde die Entscheidungszuständigkeit an das zuständige Bundesministerium gegeben, das im Einvernehmen mit den jeweils beteiligten Bundesministerien und im Benehmen mit der jeweils obersten Landesbehörde entscheidet. 215

V. Nutzungsbeschränkungen auf künftigen Gemeinbedarfs-, Verkehrs-, Versorgungs- und Grünflächen (§ 32 BauGB)

§ 32 räumt den im Bebauungsplan festgesetzten – in der Überschrift genannten – Vorhaben einen besonderen Vorrang ein. Mit der Formulierung „sind überbaute Flächen" hat der Gesetzgeber Situationen angesprochen, in denen ein Bebauungsplan eine besagte Nutzung festsetzt, obwohl die Fläche mit einem Wohngebäude oder einem Gewerbebau bebaut ist. Oft kommt es bei Straßenplanungen zur Verbreiterung von Hauptverkehrsstraßen vor, dass ältere Gebäude quasi überplant werden. Die Gebäude dürfen aus Gründen des Bestandsschutzes[45] zunächst weiter genutzt werden. Bauliche Veränderungen bzw. Wertsteigerungen unterliegen dann aber § 32 BauGB. Ein Bauherr muss danach darauf verzichten, dass ihm diese Wertsteigerungen ersetzt werden, wenn das Gebäude für den beabsichtigten Straßenbau einmal durch die Gemeinde übernommen wird. 216

[44] § 1 DVO-BauGB – Übertragung von Aufgaben der höheren Verwaltungsbehörde auf die Landkreise, soweit danach die Zuständigkeit einzelner Aufgaben ausgenommen ist, ist die oberste Bauaufsichtsbehörde zuständig.

[45] Bestandsschutz im Baurecht ist ein durch die Rechtsprechung hergeleiteter Grundsatz. Leitgedanke ist danach zunächst, dass aus Art. 14 Abs. 1 GG herzuleiten ist, dass ein in der Vergangenheit nach den seinerzeit geltenden Rechtsvorschriften zugelassenes Bauwerk auch dann in seinem Bestand geschützt ist, wenn eine Zulassung nach neuen Rechtsvorschriften nicht mehr möglich wäre. Neues Recht führt damit grundsätzlich nicht zur Enteignung.

VI. Baumaßnahmen von überörtlicher Bedeutung (§ 38 BauGB)

217 Außerhalb des Kreises der nach § 29 Abs. 1 BauGB anzuwendenden städtebaulichen Normen legt § 38 BauGB für Baumaßnahmen aufgrund überörtlicher Fachplanungen noch einmal zur Verdeutlichung fest, dass hierfür die §§ 29 – 37 BauGB nicht anwendbar sind. Es handelt sich hierbei um eine Regelung für Baumaßnahmen, die aufgrund von Planfeststellungsverfahren (u. a. nach den §§ 72 ff. VwVfG) mit überörtlicher Bedeutung unter Beteiligung der Gemeinde und der Verpflichtung zur Berücksichtigung städtebaulicher Belange zu genehmigen und zu errichten sind. Dies sind z. B. Bundesautobahnen mit Zubehör, Bundeseisenbahnen, Verkehrsflughäfen, Seehäfen, Bundeswasserstraßen, Bergbauvorhaben etc.

VII. Flächennutzungsplan (siehe auch C. I.)

218 Zum Abschluss der planungsrechtlichen Zulassungsnormen wird nunmehr auf den Flächennutzungsplan eingegangen, der an verschiedenen Berührungspunkten den Genehmigungsnormen gegenübersteht. Gemäß § 1 Abs. 2 BauGB hat der Gesetzgeber die gemeindliche Planung in eine vorbereitende und eine verbindliche Bauleitplanung aufgeteilt. Der Flächennutzungsplan übernimmt danach eine vorbereitende Rolle und stellt für das gesamte Gemeindegebiet die beabsichtigte bauliche und sonstige Nutzung in ihren Grundzügen dar, § 5 Abs. 1 BauGB. Über den Flächennutzungsplan stellt die Gemeinde mit einer Verwirklichungsperspektive von ca. 10 bis 15 Jahren dar, wie sie sich ihre Entwicklung vorstellt. Sie trifft dabei durchaus Aussagen zum baulichen Bestand, aber auch zu Erweiterungen, neuen Baugebieten (Erweiterungsgebieten) und grundsätzlichen Umplanungen. Der Flächennutzungsplan wird vom Rat der Gemeinde festgestellt, er stellt jedoch weder eine Satzung noch einen VA dar. In der Rechtsliteratur wird er als „hoheitliche Maßnahme besonderer Art“ bezeichnet. Er ist wegen seiner Inhalte – § 5 Abs. 2 – 4 BauGB – ein Informationswerk für Behörden, Planungsträger, aber auch Grundstückseigentümer und Bauinteressierte. Der Flächennutzungsplan macht die Gemeinde hinsichtlich ihrer städtebaulichen Flächenentwicklung transparent mit einem recht hohen Informationsgrad.

219 Aufgrund seiner Rechtsnatur hat der Flächennutzungsplan grundsätzlich keine Außenwirkung. In besonderem Maße ist er allerdings im Zusammenhang mit Vorhaben im Außenbereich (§ 35 BauGB) von Bedeutung. Über § 35 Abs. 3 BauGB erhält der Flächennutzungsplan den Rang eines öffentlichen Belangs und kann hier insbesondere einem Vorhaben entgegenhalten werden. Weiterhin erhält die Gemeinde bei der Aufstellung bzw. Änderung des Flächennutzungsplans die Möglichkeit, für bestimmte privilegierte Vorhaben (§ 35 Abs. 1 BauGB) im Plan Vorranggebiete vorzusehen, z.B.: Windkraftanlagen, Intensivtierhaltung. Gemäß § 35 Abs. 3 S. 2 BauGB tritt dadurch die Wirkung ein, dass solchen Vorhaben außerhalb des vorgesehenen Vorranggebietes dann ein öffentlicher Belang als entgegenstehend vorgehalten werden darf, was zur Unzulässigkeit führt. Über diese Besonderheit entwickelt der Flächennutzungsplan eine gewisse Außenwirkung, die es auch ermöglicht, gegen eine solche Darstellung dennoch in gleichem Maße wie gegen eine Satzung vorzugehen, prinzipale Normenkontrolle[46].

---

[46] BVerwG – Urteil vom 24. 04 2007 – 4 CN 3.06

B. BAUNUTZUNGSVERORDNUNG (BAUNVO) UND IHRE BEDEUTUNG

Die städtebaulichen Zulassungsnormen regeln, nach welchen tatbestandlichen Voraussetzungen Vorhaben zuzulassen sind. In dem Zusammenhang tauchen Begrifflichkeiten auf, die einer näheren Betrachtung zu unterziehen sind. Sowohl § 30 Abs. 1 BauGB als auch § 34 Abs. 1 BauGB nennen als sog. Beurteilungstatbestände folgende Begriffe: 220

- Art der baulichen Nutzung
- Maß der baulichen Nutzung
- überbaubare Grundstücksfläche

Zunächst haben diese Tatbestände den Anschein unbestimmter Rechtsbegriffe. 221

Das BauGB hat mit der Verordnungsermächtigung des § 9a das Bundesministerium für Umwelt, Naturschutz, Bau und Reaktorsicherheit dazu in den Stand versetzt, Vorschriften gerade zu diesen Tatbeständen zu erlassen. Die auf der Grundlage dieser Ermächtigung erlassene Verordnung trägt den Namen: 222

> Verordnung über die bauliche Nutzung der Grundstücke
> (Baunutzungsverordnung – BauNVO).

Bereits nach dem Bundesbaugesetz hat dieses Verordnungsrecht bestanden. Das Bundesbauministerium hat seit dem 7 Fassungen einer Baunutzungsverordnung erlassen. 223

224

Fassungen der Baunutzungsverordnung BauNVO
Verordnung über die bauliche Nutzung der Grundstücke vom 26. Juni 1962, BGBl. I S. 429
Verordnung zur Änderung der Verordnung über die bauliche Nutzung der Grundstücke vom 26. November 1968, BGBl. I S. 1233
Zweite Verordnung zur Änderung der Baunutzungsverordnung vom 15. September 1977 und Neufassung, BGBl. I S. 1757 und 1763
Dritte Verordnung zur Änderung der Baunutzungsverordnung vom 19. Dezember 1986, BGBl. I S. 2665
Vierte Verordnung zur Änderung der Baunutzungsverordnung vom 23. Januar 1990 und Neufassung, BGBl. I S. 127 und 132
Artikel 2 des Gesetzes zur Stärkung der Innenentwicklung der Städte und Gemeinden und weiteren Fortentwicklung des Städtebaurechts vom 11. Juni 2013 (Änderung der Baunutzungsverordnung), BGBl. I S. 1548
Artikel 2 des Gesetzes zur Umsetzung der Richtlinie 2014/52/EU im Städtebaurecht und zur Stärkung des neuen Zusammenlebens in der Stadt vom 4. Mai 2017 (Änderung der Baunutzungsverordnung), BGBl. I S. 1057, Neufassung vom 21. November 2017 (BGBl. I S. 3786)

225 Hinsichtlich der Fragestellung, welche Fassung der BauNVO zur Anwendung kommt, gibt es zwei Antworten:

226 Immer dann, wenn die BauNVO im Zusammenspiel mit Festsetzungen eines Bebauungsplans Anwendung findet, ist es maßgeblich, wann der Bebauungsplan aufgestellt wurde. Gemäß § 214 Abs. 3 BauGB ist für die entscheidende Abwägung der Zeitpunkt von Bedeutung, zu dem der abschließende Beschluss, der Satzungsbeschluss, gefasst wurde. Die jeweiligen Überleitungsvorschriften der BauNVO in den §§ 25 ff. regeln, dass für den weiteren Verlauf eines begonnenen Verfahrens nach dem Inkrafttreten einer neuen Fassung der BauNVO das Verfahren in der Regel mit der Fassung weitergeführt wird, die bereits Grundlage einer öffentlichen Auslegung (siehe Planverfahren) gewesen ist. Aber auch das BauGB regelt Überleitungsvorschriften hinsichtlich der einschlägigen Rechtsnormen, so § 245c Abs. 1 BauGB bezüglich der letzten Änderung der BauNVO. Für einen bereits inkraftgetretenen Bebauungsplan bleibt auf Dauer die Fassung einer BauNVO einschlägig, die Grundlage des Aufstellungsverfahrens war. Man spricht von einer *statischen Wirkung* der anzuwendenden BauNVO. Im Zweifel ist hier nachzuvollziehen, zu welchem Zeitpunkt der Entwurf eines Bebauungsplans der Öffentlichkeit im Verfahren ausgelegt wurde. Nur in sehr seltenen Fällen hat es Änderungen der BauNVO und dann im parlamentarischen Verfahren gegeben, die auch Wirkung auf bereits inkraftgetretene Bebauungspläne hat. So u.a. für Anlagen zur Kinderbetreuung geregelt in § 245a Abs. 1 BauGB.

227 Ganz anders ist dies, wenn die BauNVO im Zusammenspiel mit § 34 BauGB, insbesondere Absatz 2, Anwendung findet. Rechtsdogmatisch ist anerkannt, dass die städtebaulichen Begrifflichkeiten (Art und Maß der baulichen Nutzung etc.) in gleicher Weise durch die BauNVO näher bestimmt werden, als handele es sich um einen Bebauungsplan. Für eine Entscheidung auf der Grundlage des § 34 BauGB ist die Fassung der BauNVO maßgeblich, die zum Zeitpunkt der Entscheidung über das Vorhaben einschlägig ist. Hier gelten die allgemeinen Rechtsgrundsätze zur Anwendung des jeweils neuesten Rechts. Wie bereits zu § 34 BauGB dargelegt, trifft das BauGB in § 245c Abs. 3 ein Einschränkung hinsichtlich der Anwendung der BauNVO zur Art der baulichen Nutzung bezüglich des § 6a BauNVO, Urbanes Gebiet.

228 Die unterschiedlichen Fassungen der BauNVO weichen nicht grundlegend voneinander ab. Hinsichtlich einzelner Regelungen ist es von Fall zu Fall jedoch von entscheidender Bedeutung, welche Fassung anzuwenden ist, z. B. im Zusammenhang mit der Zulassung von Vergnügungsstätten, Einzelhandel oder aber auch Altenwohn- und Pflegeeinrichtungen in reinen Wohngebieten.

229 Die BauNVO trifft weiterhin auch Regelungen für den vorbereitenden Bauleitplan, den *Flächennutzungsplan*. Die Gliederung der BauNVO ist in der vom BauGB verwendeten Abfolge vorgenommen worden (siehe in § 30 Abs. 1, § 34 Abs. 1 BauGB):

- Erster Abschnitt – Art der baulichen Nutzung
- Zweiter Abschnitt – Maß der baulichen Nutzung
- Dritter Abschnitt – Bauweise, überbaubare Grundstücksfläche.

I. Art der baulichen Nutzung

Gemäß § 1 Abs. 1 BauNVO besteht für den Flächennutzungsplan entsprechend seinem vorbereitenden Charakter die Möglichkeit, die für die Bebauung vorgesehenen Flächen nach der *allgemeinen Art* zu bestimmen. Hierfür sind vier unterschiedliche Flächenkategorien (Bauflächen) vorgesehen, um auf dieser allgemeinen und vorbereitenden Planungsebene die differierenden Flächennutzungen nach den Bedürfnissen der Gemeinde darzustellen: 230

- Wohnbauflächen (W)
- gemischte Bauflächen (M)
- gewerbliche Bauflächen (G)
- Sonderbauflächen (S)

Neben dieser allgemeinen Darstellungsform, die entsprechend dem Entwicklungsgebot (§ 8 Abs. 2 BauGB) Spielraum zur Weiterentwicklung der damit zunächst in den Grundzügen dargestellten Nutzungsformen gibt, ermöglicht die BauNVO in § 1 Abs. 2 die für die Bebauung vorgesehenen Flächen auch nach der besonderen Art (Baugebiete) darzustellen: 231

- Kleinsiedlungsgebiete (WS)
- reine Wohngebiete (WR)
- allgemeine Wohngebiete (WA)
- besondere Wohngebiete (WB)
- Dorfgebiete (MD)
- Mischgebiete (MI)
- urbane Gebiete (MU)
- Kerngebiete (MK)
- Gewerbegebiete (GE)
- Industriegebiete (GI)
- Sondergebiete (SO)

232 Mit einer Darstellung von *Baugebieten* im Flächennutzungsplan trifft eine Gemeinde auf der Ebene der vorbereitenden Bauleitplanung eine schon recht weitgehende Aussage und bindet sich hinsichtlich der beabsichtigten Flächennutzung stärker als durch die Darstellung einer *Baufläche*. Der mögliche Entwicklungsspielraum wird folgerichtig hierdurch eingeschränkt.

233 Im Bebauungsplan hingegen, der im Gegensatz zum Flächennutzungsplan die konkreten Festsetzungen zum Vollzug enthält (§ 8 Abs. 1 BauGB), dürfen gemäß § 1 Abs. 3 BauNVO die in § 1 Abs. 2 BauNVO zur Festlegung der besonderen Art vorgesehenen *Baugebiete* festgesetzt werden. Mit § 1 Abs. 3 S. 2 BauNVO regelt die Verordnung weiterhin, dass mit der Festsetzung eines Baugebiets sogleich die unmittelbare Wirkung eintritt, dass die Vorschriften der BauNVO – in der für den Bebauungsplan einschlägigen Fassung, S. o. – (§§ 2–14) Bestandteil des Bebauungsplans werden. Entsprechend dem Festlegungsziel der BauNVO, durch Baugebiete die besondere Art der baulichen Nutzung festzulegen, enthalten die §§ 2–9 BauNVO als *Baugebietsnormen* die Festlegungen

- zum jeweiligen Gebietscharakter (Abs. 1)
- zu den zulässigen Nutzungen (Abs. 2) und
- zu den ausnahmsweise zulässigen Nutzungen (Abs. 3).

234 Die BauNVO legt mit dem Gebietscharakter quasi antizipiert und gutachterlich fest, welche Nutzungen hinsichtlich ihrer städtebaulichen Auswirkungen in dem jeweiligen Gebiet zueinanderpassen. Oder einfacher ausgedrückt, für die vorgegebenen Baugebiete werden die Spielregeln festgelegt, damit die darin vorgesehenen Nutzungen miteinander harmonisch existieren können, für schutzwürdige Nutzungen der nötige Schutz gewährleistet wird, gewerbliche Nutzungen aber auch wissen, welche Handlungs- und Entwicklungsräume sie haben. Diese im Gebietscharakter festgelegten Spielregeln sind für alle Eigentümer im Baugebiet verbindlich, jeder kann sich darauf berufen. Die Beteiligten bilden eine *Schicksalsgemeinschaft*, auf die sich jeder auch berufen kann als Inhaber eines subjektiven Rechts.

235 Ergänzend für alle Baugebiete regelt § 12 BauNVO die Zulässigkeit von *Stellplätzen und Garagen* – planungsrechtlich werden beide Nutzungsformen ohne eine Unterscheidung gemeinsam genannt -. Dabei wird durch § 12 Abs. 2 BauNVO zum Schutz von Wohn- und Erholungsfunktionen eine Begrenzung der Zulässigkeit von Stellplätzen und Garagen vorgenommen. In den dort bezeichneten Baugebieten sind diese nur für den durch die zugelassene Nutzung verursachten Bedarf zulässig. Stellplätze und Garagen müssen dort hinsichtlich ihrer Anzahl in einem unmittelbaren Verhältnis zur zugelassenen (Haupt-) Nutzung stehen (entsprechend der Anzahl von Wohnungen oder der Größe von Laden- oder Büroflächen etc.). Diese beschränkende Funktion in der Norm kommuniziert – ohne darauf zu verweisen – mit der landesrechtlichen Norm des § 47 NBauO, der für bauliche Anlagen eine bestimmte Anzahl notwendiger Einstellplätze verlangt, um letztlich den Anforderungen der Sicherheit und Leichtigkeit des Straßenverkehrs im Zusammenhang mit

baulichen Nutzungen Rechnung zu tragen. Zudem eröffnet § 12 Abs. 6 BauNVO der Gemeinde die Möglichkeit, im Rahmen der Bauleitplanung im Bebauungsplan aus städtebaulichen Gründen Festsetzungen zum Ausschluss oder zur Beschränkung von Stellplätzen und Garagen zu treffen.

Weiterhin ergänzend wird durch § 14 BauNVO eine Regelung zur Zulässigkeit von *Neben-* 236
anlagen vorgenommen. *Nebenanlagen* sind ergänzende bauliche Anlagen, die sich der primären Nutzung deutlich *räumlich visuell unterordnen* und dieser gegenüber eine *dienende* (ergänzende) Funktion haben (Gartenhäuser, Geräteschuppen, Abstellräume etc.). Ebenso sind danach entsprechende Versorgungseinrichtungen geregelt. In dem Absatz 3 der Vorschrift sind Anlagen zur Ausnutzung der Sonnenenergie und zur Kraft-Wärme-Kopplung als untergeordnete Anlagen geregelt mit der Besonderheit, dass hier auch die Anlagen angesprochen sind, die ausschließlich zur Netzeinspeisung dienen und ansonsten in keinem Verhältnis zur baulichen Anlage stehen.

Für alle Baugebietsnormen gemeinsam wird mit § 13 BauNVO eine spezielle Regelung 237
für eine besondere Gruppe beruflich Tätiger normiert. Die Rede ist von den *freiberuflich Tätigen*, die nach der Annahme des Verordnungsgebers ihren Beruf in der Regel wohnartig ausüben. Wenngleich der Begriff der Freiberuflichkeit nicht feststehend ist,[47] so lässt sich dennoch eine Zielrichtung deutlich feststellen, u. a. unter Einbeziehung der Betrachtung des Steuerrechts. Freiberuflich tätig sind danach diejenigen, die weder ein Gewerbe im Sinne der Gewerbeordnung noch eine Urproduktion ausüben und aufgrund ihrer geistigen oder körperlichen Fähigkeiten selbständig einer wissenschaftlichen, lehrenden, künstlerischen, medizinischen oder schriftstellerischen Tätigkeit nachgehen (Ärzte, Masseure, Krankengymnasten, Anwälte, Schriftsteller etc.).[48] Mit dem Begriff der Wohnartigkeit in diesem Zusammenhang ist inzwischen vordergründig nicht mehr gemeint und zu verbinden, dass der freiberuflich Tätige auch in den so genutzten Räumen unmittelbar wohnen muss (etwa der Landarzt der 50er-Jahre des 20. Jahrhunderts).[49]

Zum Schutz der Wohnnutzungen begrenzt die Verordnung in den Baugebieten nach 238
den §§ 2–4 BauNVO freiberufliche Tätigkeiten auf Räume (rechnerisch bis zu 50 % der Gebäudefläche). Die in diesen Baugebieten grundsätzlich prägende Wohnnutzung darf damit nicht in den Hintergrund gedrängt werden (oftmals ein Problem in gehobenen innerstädtischen Wohnvierteln, in die Rechtsanwälte mit ihren Kanzleien drängen). In den übrigen Gebieten sind auch Gebäude insgesamt für diese Nutzung zulässig.

Allgemeine Voraussetzungen für die Zulässigkeit baulicher und sonstiger Anlagen 239

§ 15 BauNVO

47 BVerwG, Beschluss vom 25. Februar 1960, DVBl. 1960, S. 357.
48 Doerfert: Freiberufler im öffentlichen Baurecht, Verwaltungsrundschau 2002, S. 47 ff.
49 BVerwG, Urteil vom 20. Januar 1984, BauR 84, S. 267.

240 Die Vorschriften zur Art der baulichen Nutzung regeln zunächst pauschalierend und typisierend mit den Baugebietsnormen, was innerhalb der Gebiete zulässig sein soll. Ziel des Verordnungsgebers der BauNVO war es aber weiterhin, die dem Artikel 14 GG innewohnende Sozialbindung umzusetzen. Die planungsrechtlichen Normen zur Ausgestaltung des Eigentums sollen ein harmonisches Nebeneinander von Nutzungen (Grundstücksnutzungen) ermöglichen und nicht etwa zu Situationen führen, die als rücksichtslos empfunden werden können. Mit § 15 BauNVO hat der Verordnungsgeber das eigentumsrechtliche Gebot der Rücksichtnahme normiert.[50, 51] Durch die Norm wird erreicht, dass im Einzelfall in dem Sinne rücksichtslose Vorhaben oder Situationen ausgeschlossen werden. Verglichen mit dem Instrument der Befreiung, mit dem im Einzelfall eine Loslösung von den Zulassungsregelungen möglich ist, stellt § 15 BauNVO einen Gegenpol dar, wonach grundsätzlich zulässige Nutzungen aus den besagten Gründen im Einzelfall unzulässig sind. § 15 BauNVO ist zwingend im Rahmen der Vorhabenprüfung anzuwenden.

241

§ 15 BauNVO	
Zweck:	Generalklausel zur Zulässigkeit baulicher Anlagen im Einzelfall. Einschränkung im Sinne der Sozialbindung des Eigentums. *„Es besteht kein Anspruch darauf, ein Grundstück im Widerspruch zu den berechtigten Interessen Dritter zu nutzen."*
Fälle der Unzulässigkeit: • § 15 Abs. 1 S. 1	Widerspruch zur Eigenart des Baugebiets hinsichtlich: • Anzahl • Lage • Umfang • Zweckbestimmung
• § 15 Abs. 1 S. 2 HS 1	Ausgehende Belästigungen oder Störungen, die hinsichtlich der Eigenart des Baugebiets • innerhalb oder • außerhalb unzumutbar sind
• § 15 Abs. 1 S. 2 HS 2	Einwirkende Belästigungen oder Störungen, die für die – hinzutretende – Nutzung unzumutbar sind.
Wirkung:	Unzulässigkeit wirkt unmittelbar kraft Verordnung. Die BAB ist dazu verpflichtet, § 15 BauNVO bei jeder Entscheidung mit zu berücksichtigen. Die Norm verkörpert den im Baurecht geltenden Grundsatz der gegenseitigen Rücksichtnahme und vermittelt Drittschutz. (Die Betrachtungen der Unzulässigkeit finden nicht nach den Grundsätzen des Immissionsschutzrechts statt; es gelten städtebauliche Gesichtspunkte.)

50 BVerwG, Urteil vom 12. September 2013 – 4 C 8.12 –, BauR 2014, S. 210.

51 BVerwG, Beschluss vom 6. März 1989 – 4 NB 8.89 –, ZfBR 1989, S. 129.

II. Maß der baulichen Nutzung

Mit § 16 BauNVO werden in Absatz 1 die für den Flächennutzungsplan und in Absatz 2 die für den Bebauungsplan *möglichen* Maßfestsetzungen vorgegeben, die die Gemeinde zur Darstellung bzw. Festsetzung in ihren Bauleitplänen wählen darf. § 16 Abs. 2 BauNVO beschreibt insofern die insgesamt möglichen Festsetzungen zum Maß der baulichen Nutzung. Gemäß § 16 Abs. 3 BauNVO besteht für die planende Gemeinde eine Bindung, Maßfestsetzungen so einzusetzen, dass eine Aussage zur Grundfläche und zu einer Bebauungshöhe (mittelbar oder unmittelbar) getroffen wird. Stets ist danach eine Grundflächenzahl (GRZ) oder die Größe der Grundfläche (GF) und die Zahl der Vollgeschosse (Z) oder die Höhe baulicher Anlagen festzusetzen. Die Festsetzungsmöglichkeiten im Einzelnen: 242

- ***Grundflächenzahl (GRZ)*** *der baulichen Anlagen* 243
  = Regelung eines **abstrakten Verhältnisses** zum bebauten und nicht bebauten Anteil der Baugrundstücke (Versiegelungsgrad). Mit dieser Festsetzung soll auch dazu beigetragen werden, eine Beschränkung der Bodenversiegelung im Interesse des Erhalts der natürlichen Bodenfunktionen zu bewirken (§ 19 BauNVO). Diese Festsetzung klärt die Nutzungsintensität von Grundstücken hinsichtlich der Flächeninanspruchnahme.

  Beispiel: 244
  Ein Grundstück hat eine Größe von 500 m². Der Bebauungsplan setzt eine GRZ von 0,4 fest. Gemäß § 19 Abs. 1 und 2 BauNVO ist damit der Anteil des Grundstücks zu errechnen, der von baulichen Anlagen überdeckt werden darf (500 m² × 0,4 = 200 m² zulässige Grundfläche).

  *Gemäß **§ 19 Abs. 3 BauNVO** sind die Flächen maßgeblich, die sich im Bauland befinden und hinter der festgesetzten Straßenbegrenzungslinie liegen. Im Bauland befinden sich die Flächen eines Grundstücks, für die der Bebauungsplan eine Baulandausweisung durch ein Baugebiet der BauNVO vornimmt, z. B. ein allgemeines Wohngebiet (WA). Straßenbegrenzungslinien werden durch eine Verkehrsflächenfestsetzung im Bebauungsplan vorgenommen.* 245

- *Beispiel:* 246
  *Eine Gemeinde hat beidseits eines bisherigen Feldwegs Bauland für ein Wohngebiet ausgewiesen, dahinter soll im oberen Bereich eine Grünfläche anschließen. Den Feldweg hat sie mit dem Plan verbreitert als Straße festgesetzt. Das 1.100 m² große Grundstück in dem Beispiel ist noch nicht an die geplante Situation angepasst. Die Gemeinde muss von dem Eigentümer auch noch die für die Straßenverbreiterung vorgesehene Fläche dieses Grundstücks ankaufen. Soll dieses Grundstück bebaut werden, ist die zulässige Grundfläche des Baugrundstücks i. S. v. § 19 Abs. 3 BauNVO zu berücksichtigen (800 m²). Die 200 m² in der künftigen Grünfläche liegen **nicht** im Bauland; die 100 m² in der künftigen Straße liegen **vor** der Straßenbegrenzungslinie.*

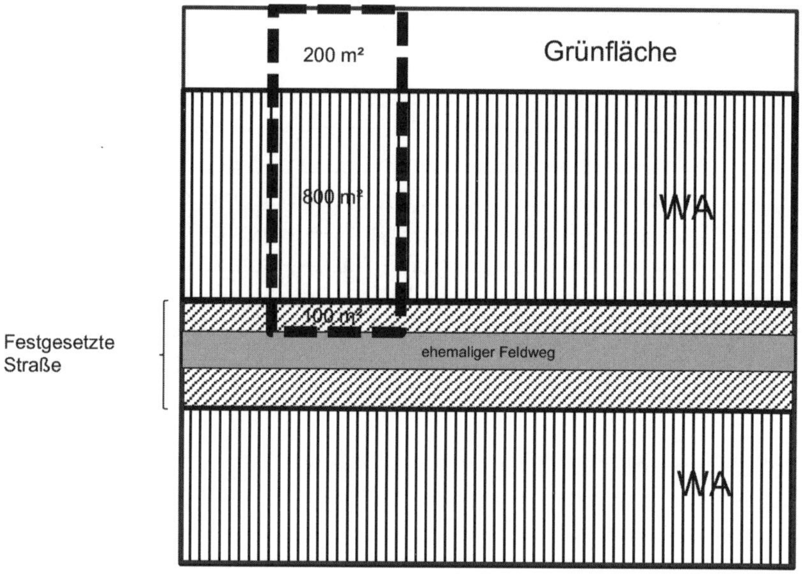

247 ***§ 19 Abs. 4 BauNVO***

Mit dieser Norm legt der Verordnungsgeber zunächst fest, welche baulichen Anlagen bei der Grundflächenberechnung mitzurechnen sind. Danach sind auch alle ergänzenden Anlagen (Nebenanlagen, Garagen/Stellplätze und auch Tiefgagen oder sonstige Unterbauungen des Grundstücks) mitzurechnen (§ 19 Abs. 4S. 1 BauNVO). Für diese – gewissermaßen ergänzenden – baulichen Anlagen gewährt er jedoch zur festgesetzten GRZ einen Überschreitungsbonus von 50 %. Ist die zulässige Grundfläche (s. o.) für die eigentliche Bebauung (das Wohnhaus oder das Geschäftsgebäude) bereits nahezu ausgenutzt, so dürfen die ***ergänzenden Anlagen*** *wie Stellplätze oder eben Nebengebäude aufgrund der Überschreitungsmöglichkeit ebenfalls gebaut werden. Eine Überschreitung der zulässigen Grundfläche ist jedoch nur zulässig, soweit eine Grundflächenzahl von 0,8 nicht überschritten wird. (Die Regelung ist seinerzeit unter Bodenschutz- und Naturschutzgesichtspunkten zustande gekommen. Der Verordnungsgeber wollte eine Beschränkung des Versiegelungsgrads erreichen.)*

Beispiel:

248 *Ein Grundstück hat eine Größe von 1.000 m². Der Bebauungsplan setzt eine GRZ von 0,4 fest. Die zulässige Grundfläche beträgt danach 400 m² (1.000 m² x 0,4 = 400 m²).*

249 *Der Bauherr möchte ein Wohn- und Geschäftshaus mit einer Grundfläche von 300 m² bauen. Die unter dem Haus gelegene Tiefgarage nimmt über den Grundriss des Hauses weitere 200 m² in Anspruch. Gartenhaus und Schuppen sind zusammen 60 m² groß, die Garage hat eine Grundfläche von 25 m². Die wasserdurchlässig gepflasterten Wegeflächen haben etwa ein Ausmaß von 100 m².*

Ermittlung der Grundflächen nach § 19 Abs. 4 BauNVO: 250

Wohn- und Geschäftshaus:	*300 m^2*	**Zul. Grundfläche** § 19 Abs. 2 BauNVO 400 m^2	*GRZ I*
Überschreitung Tiefgarage:	*200 m^2*	**Überschreitung** gemäß § 19 Abs. 4 S. 2 BauNVO 50 % = 200 m^2	*GRZ I*
Gartenhaus/Schuppen zus.:	*60 m^2*		
Garage:	*25 m^2*		
Wegeflächen:	*100 m^2*		
zusammen:	*685 m^2*	*Zusammen:* *600* m^2	

Mit der Festsetzung der Grundflächenzahl von 0,4 errechnet sich für das Beispielgrundstück eine Überbaubarkeit von insgesamt 600 m^2, GRZ I 400 m^2+ GRZ II 200 m^2. Da die Hauptnutzung, das Wohn- und Geschäftshaus lediglich eine Grundfläche von 300 m^2 aufweist, dürfen die verbleibenden 100 m^2 zuzüglich der GZR II für die ergänzenden Nutzungen in Anspruch genommen werden. Die Nebennutzungen machen insgesamt 385 m^2 aus, so dass eine Überschreitung von 85 m^2 verbleibt. Diese Überschreitungsfläche stellt im Verhältnis zur überbaubaren Grundfläche keine geringfügige Fläche i.S. von § 19 Abs. 4 S. 2 HS. 2 BauNVO dar. Allerdings ist die Rede davon, dass die ebenfalls zu berücksichtigenden Wegeflächen wasserdurchlässig hergestellt werden sollen. Darin liegt eine Herstellungsart, von der geringfügige Auswirkungen auf die natürlichen Bodenfunktionen ausgehen. Gemäß §19 Abs. 4 S. 4 BauNVO besteht dadurch die Möglichkeit für die Bauaufsichtsbehörde, im Ermessen die hier bestehende Überschreitung zuzulassen. Diese im Ermessen stehende Zulassungsmöglichkeit zeigt anschaulich, dass die Norm in besonderem Maße unter dem Gedanken des Bodenschutzes steht. 251

252 *Skizze zu § 19 Abs. 4 BauNVO*

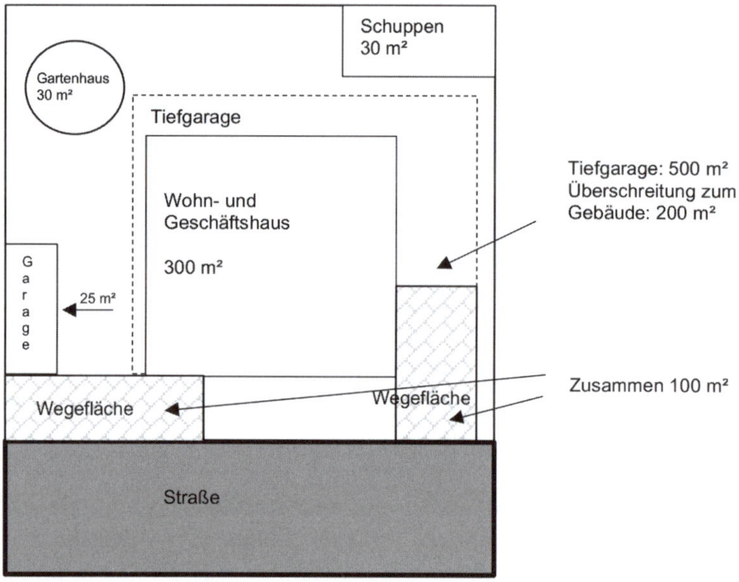

253 • Als wenig gebräuchliche Unterform der Festsetzung der Grundflächenzahl kann die planende Gemeinde auch die ***Grundflächen baulicher Anlagen (GF)*** unmittelbar festlegen. Der Bebauungsplan benennt in einem solchen Fall die Grundflächen baulicher Anlagen mit einer absoluten Zahl.

254 • ***Geschossflächenzahl (GFZ)***
= mittelbare Regelung des Anteils der nutzbaren Fläche in baulichen Anlagen, deren Geschossen oder der Größe des Volumens baulicher Anlagen (§ 20 Abs. 2 – 4 BauNVO). Mit der Geschossflächenzahl kann die städtebauliche Dichte gesteuert werden, welche sich auf gesunde Wohn- und Arbeitsverhältnisse, auf Belange des Umweltschutzes einschließlich des Naturschutzes und der Landschaftspflege sowie die Belange des Verkehrs einschließlich des öffentlichen Personennahverkehrs, der Versorgung, insbesondere mit Energie und Wasser, der Abfallentsorgung und der Abwasserbeseitigung auswirken kann. Maßgeblich ist gemäß § 20 Abs. 3 BauNVO die jeweilige Fläche der *Vollgeschosse* der baulichen Anlagen, das heißt es werden alle Vollgeschosse addiert. Nebenanlagen bleiben unberücksichtigt. Zu dem Begriff des *Vollgeschosses* verweist das Bundesrecht gemäß § 20 Abs. 1 BauNVO auf das jeweilige Landesrecht. Die Landesrechte der Bundesländer geben in den Landesbauordnungen hierzu eine Antwort hinsichtlich eines Bemessungsgeschosses (Vollgeschoss) ohne diesen Begriff ansonsten für das Landesbaurecht weiter zu verwenden. In Niedersachsen ist diese Regelung in § 2 Abs. 6 und 7 NBauO normiert.

Beispiel:
Ein Grundstück hat eine Fläche von 500 m². Der Bebauungsplan setzt eine GFZ von 1,2 fest. Gemäß § 20 Abs. 2 BauNVO ist damit ausgesagt, wieviel Quadratmeter Geschossfläche je Quadratmeter Grundstücksfläche zulässig sind (500 m² × 1,2 = 600 m²). Hierbei handelt es sich um eine Flächenfestlegung für Vollgeschosse. Absatz 3 der Norm klärt, dass auch nur für diese Flächen eine Festlegung getroffen wird und andere Flächen außer Betracht bleiben. 255

- Zahl der *Vollgeschosse (Z).* 256
  Festlegung der Anzahl der Vollgeschosse (nach dem Landesrecht, § 20 Abs. 1 BauNVO). Neben der Festsetzung der Geschossfläche (GFZ) wird durch die Anzahl der Vollgeschosse festgelegt, inwieweit das beabsichtigte Volumen „gestapelt" werden darf. Mittelbar wird dadurch eine Höhe baulicher Anlagen festgelegt.

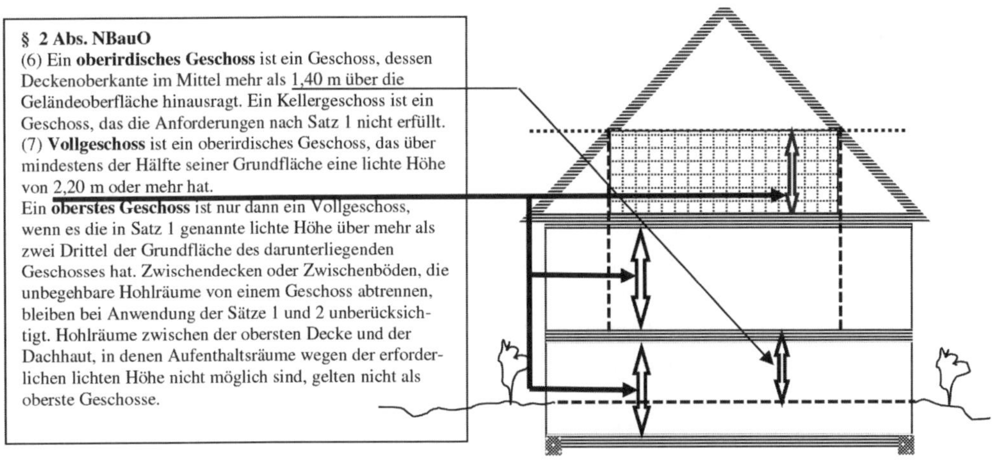

- Letztlich wird ermöglicht, die *Höhe baulicher Anlagen* festzulegen. In der Verordnung ist hierzu im § 18 Abs. 1 BauNVO lediglich festgelegt – was an sich auch für diese Art der Festlegungsmöglichkeit als selbstverständlich zu erachten ist –, dass hierzu feste Bezugspunkte darzulegen sind. 257

Für die Festlegung des Maßes der baulichen Nutzung ist durch die BauNVO im § 17 Abs. 1 eine Tabelle über die einzuhaltenden Obergrenzen vorgesehen. Absatz 2 sieht Überschreitungsmöglichkeiten aus städtebaulichen Gründen vor. Die planende Gemeinde muss sich an diese Begrenzungen halten; Abweichungen sind mit der jeweiligen Planung oder deren Besonderheiten zu begründen. Dabei ist auch auf einen Flächenausgleich einzugehen, und es ist darauf zu achten, dass die in der Planung grundsätzlich einzuhaltenden gesunden Wohn- und Arbeitsverhältnisse (Aufenthaltsverhältnisse für den Menschen) gewahrt bleiben. § 17 BauNVO ist eine Norm, die **ausschließlich** an die planende Gemeinde gerichtet ist. Es wird hierdurch ein Rahmen festgelegt, innerhalb dessen die Gemeinde Maßfestsetzungen treffen darf. In der materiellen Zulassungsprüfung von Vorhaben durch die BAB bleibt die 258

Norm unberücksichtigt. Der Behörde kommt insofern **keine Planprüfungskompetenz** zu. Im Verwaltungsstreitverfahren oder in einem Normenkontrollverfahren steht es den Gerichten jedoch offen, die Rechtmäßigkeit eines Bebauungsplans u. a. auch anhand von § 17 BauNVO – inzident – zu prüfen.

III. Bauweise, überbaubare Grundstücksfläche

259 § 22 Abs. 1 BauNVO unterscheidet als Festsetzungsmöglichkeiten zur Bauweise zunächst die *offene (Abs. 2)* und die *geschlossene (Abs. 3)* Bauweise. Städtebaulich wird hierdurch geregelt, in welcher Erscheinungsform Bebauung von den öffentlichen Verkehrsflächen aus erlebbar ist. In der *offenen Bauweise* sind die in Absatz 2 genannten Gebäudearten, die jeweils insgesamt nicht länger als 50 m sein dürfen, mit einem seitlichen Grenzabstand zu errichten. Dabei ist der Begriff *seitlich* aus der Blickrichtung der öffentlichen Straße zu sehen. Im Vollzug bedeutet dies, dass spätestens alle 50 m ein Blick in die rückwärtigen Grundstücksbereiche möglich ist, die Bebauung sich für den Betrachter insofern *offen* darstellt. Diese bundesrechtliche Norm sagt hingegen nichts darüber aus, *wie* dieser seitliche Abstand zur Grenze zu bemessen ist. Hier reflektiert die Norm auf das in den Ländern geregelte Grenzabstandsrecht, das hingegen selbst in Abhängigkeit zu den Regelungen der Bauweise steht (siehe Grundsätze des Abstandsrechts).

260 Im Gegensatz dazu verlangt die *geschlossene Bauweise* nach § 22 Abs. 3 BauNVO, dass Bebauung von Grenze zu Grenze unmittelbar aneinandergebaut werden muss. Dadurch wird oftmals bewirkt, eine innerstädtische Blockrandbebauung zu erreichen, die dem Betrachter von den – verkehrsreichen – Straßen keinen Blick in die hinteren Grundstücksflächen erlaubt. Es können somit lärmabgewandte Gartenbereiche entstehen.

261 Gemäß § 22 Abs. 4 BauNVO kann durch die Festlegung der *abweichenden Bauweise* individuell von den Grundsätzen der offenen oder geschlossenen Bauweise abgewichen werden.

Beispiel: im Bebauungsplan wird als abweichende Bauweise festgesetzt, dass Gebäude nur im Erdgeschoss geschlossen, im Obergeschoss mit Grenzabstand gebaut werden müssen (Kettenhäuser). Weiterhin ist es möglich, durch eine abweichende Bauweise Gartenhofhäuser entstehen zu lassen (es entsteht ein fremder Sicht entzogener Innenhof).

Skizze offene Bauweise 262

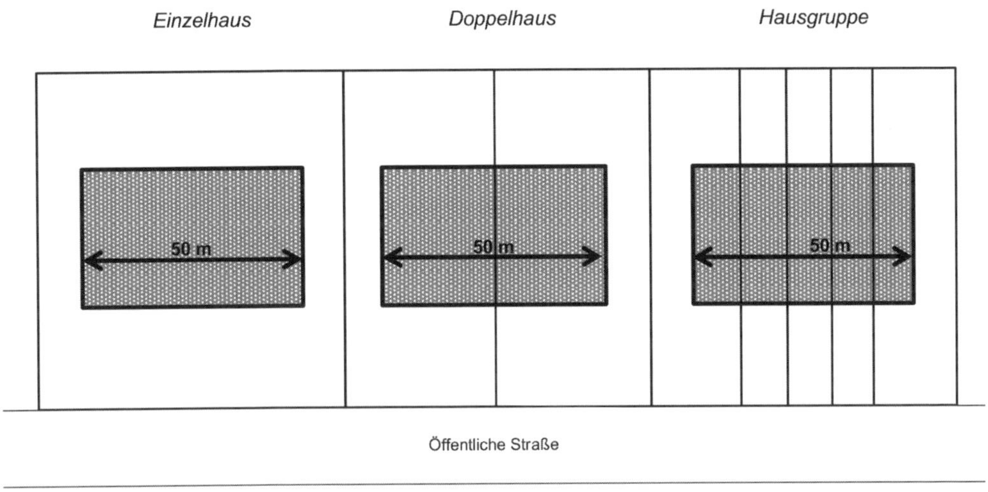

Skizze geschlossene Bauweise 263

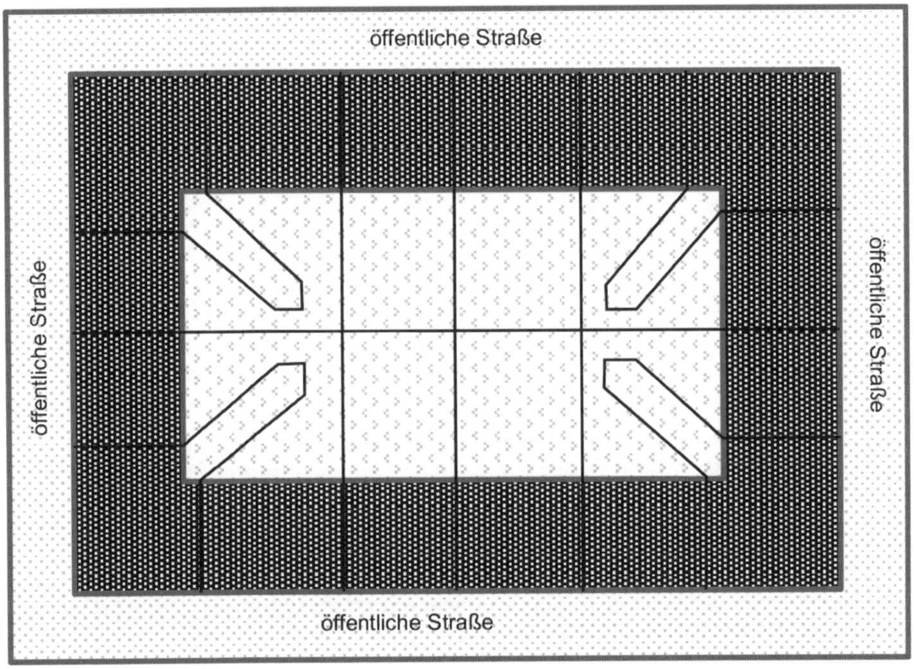

Mit § 23 BauNVO ist die *überbaubare Grundstücksfläche* als **tatsächlich** bebaubarer Bereich des Baugrundstücks festlegbar. 264

265 • *Baulinien* (§ 23 Abs. 2 BauNVO)

Dies ist die weitestgehende Form der Festlegung des bebaubaren Bereichs. Baulinien zwingen dazu, dass Gebäude darauf zu errichten sind. Diese Festsetzung wird von den Gemeinden oft gewählt, wenn zu den Straßen hin eine klare städtebauliche Struktur entstehen soll, in der die Gebäude geordnet in einem genau definierten Abstand zu Verkehrsfläche errichtet werden sollen.

266 • *Baugrenzen* (§ 23 Abs. 3 BauNVO)

Im Gegensatz zu *Baulinien* werden durch *Baugrenzen* bebaubare Bereiche markiert bzw. begrenzt. Innerhalb der Baugrenzen dürfen Bauherren die Position von Gebäuden grundsätzlich frei bestimmen. Die Baugrenzen dürfen dabei durch Gebäude nicht überschritten werden.

267 • *Bebauungstiefen* (§ 23 Abs. 4 BauNVO)

Hier wird wie durch eine *Baugrenze* ein Bereich ab Straßengrenze festgelegt, innerhalb welchem Gebäude errichtet werden dürfen.

268 Ergänzend zu diesen konkreten Festsetzungsmöglichkeiten zu den tatsächlich überbaubaren Grundstücksflächen trifft § 23 Abs. 5 BauNVO eine Zulassungsmöglichkeit (in der Zuständigkeit der Bauaufsichtsbehörde, es handelt sich hierbei **nicht um eine Ausnahmeregelung** auf der Grundlage des § 31 Abs. 1 BauGB) für bestimmte bauliche Anlagen außerhalb des festgelegten bebaubaren Bereichs. Danach dürfen auf den nicht überbaubaren Grundstücksflächen folgende Anlagen im Ermessen der Bauaufsichtsbehörde zugelassen werden:

269 • Nebenanlagen nach § 14 BauNVO

270 • Bauliche Anlagen, soweit sie nach dem jeweiligen Landesrecht in den – eigentlich einzuhaltenden und von Bebauung frei zu haltenden – Abstandsflächen zulässig sind oder zugelassen werden können (z. B. § 12 NBauO Garagen/Stellplätze, § 6 Abs. 7 MBO); nach dem jeweiligen Landesrecht gehören hierzu auch bauliche Anlagen, die keine Gebäude sind, u. U. Terrassen.

271 Bei dieser Ermessensentscheidung zur Zulassung in der alleinigen Zuständigkeit der Bauaufsichtsbehörde ist zu beachten, dass diese Entscheidung zur Zulassung auch dann erforderlich ist, wenn an sich gar kein Genehmigungsverfahren durchzuführen ist (siehe auch *genehmigungsfreies Bauen*). Hinsichtlich der Ermessensausübung ist die Entscheidungsschwelle seitens der Behörde eher moderat zu halten. Mit der Festsetzung der In-strumente zu den überbaubaren Grundstücksflächen ist davon auszugehen, dass die nach der Verordnung vorgesehenen ergänzenden baulichen Anlagen dann auch zugelassen werden, wenn es in der Regel vernünftigerweise geboten ist. Die Gemeinde hat gemäß § 23 Abs. 5 BauNVO hingegen die Möglichkeit, mit dem Bebauungsplan diese Überschreitungsregelung zu steuern oder sogar auszuschließen.

Skizze Baulinie/Baugrenze 272

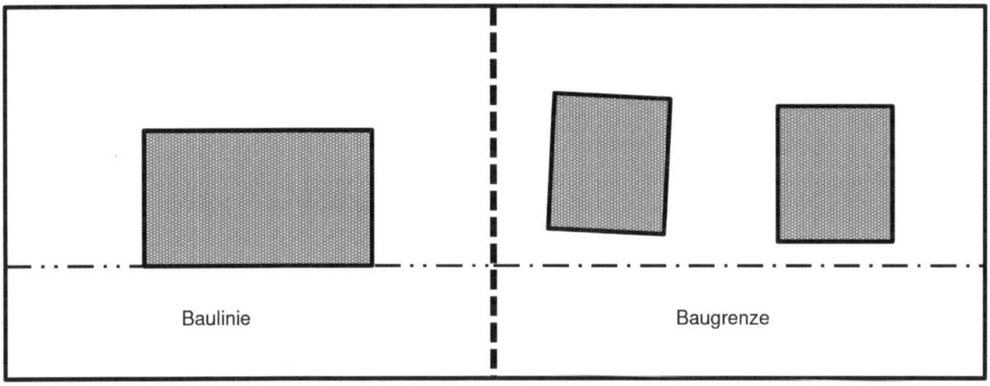

C. BAULEITPLANUNG DER GEMEINDE

I. Rechte und Pflichten der Gemeinde im Rahmen ihrer Planungshoheit

Für die Bewerkstelligung ihrer planerischen Tätigkeit hat der Gesetzgeber die Gemeinde mit Rechten ausgestattet, ihr aber auch Pflichten auferlegt, die sie beherzigen muss. Insbesondere soll die Gemeinde dadurch eine geordnete Sachverhaltsaufklärung betreiben und ebenso die vom Gesetzgeber als wichtig erachteten Belange berücksichtigen. Dazu muss sie Beteiligungen durchführen und schließlich eine gerechte Abwägung vornehmen. Mit § 1 Abs. 2 BauGB hat sich der Gesetzgeber für eine Zweistufigkeit der Planung entschieden. Vom Grundsatz her soll einer vorbereitenden Planung eine verbindliche Planung folgen. 273

274

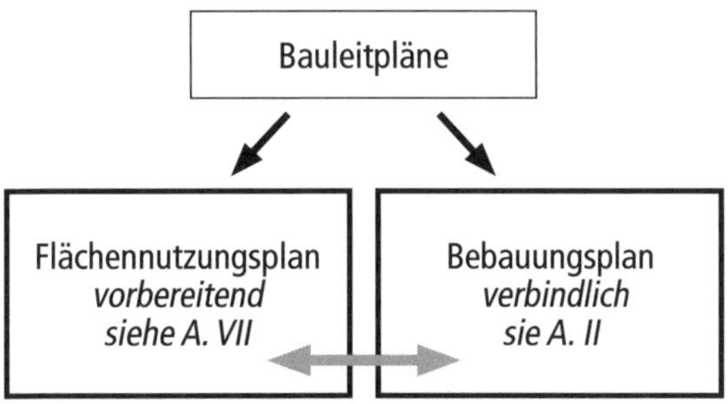

Bauleitpläne

275

	Flächennutzungsplan	Bebauungsplan
Begriff	• vorbereitender Bauleitplan § 1 Abs. 2 BauGB	• verbindlicher Bauleitplan § 1 Abs. 2 BauGB
Zuständigkeit	**§§ 1 Abs. 3, 2 Abs. 1 BauGB** Gemeindliche Planungshoheit Konkretisierung des von Art. 28 II GG normierten Rechtes auf Selbstverwaltung	
	§ 1 Abs. 1 BauGB Entwicklungs- und Ordnungsfunktion	
Aufgabe/ Zweck	• durch Darstellung der Bodennutzung in den Grundzügen (§ 5 Abs. 1 BauGB)	• durch rechtsverbindliche Festsetzungen als Grundlage für den Vollzug (§ 8 Abs. 1 BauGB)
Grundsätze	**§ 1 Abs. 3 BauGB** Planerforderlichkeit **§ 1 Abs. 4 BauGB** Bindung an Ziele der Raumordnung **§ 1 Abs. 5 BauGB** Planungsleitzielbestimmungen **§ 1 Abs. 6 BauGB** einzelne Belange in der Planung **§ 1a BauGB** erg. umweltschützende Belange **§ 1 Abs. 7 BauGB** Abwägungsgebot	
Inhalt	**§ 5 Abs. 2 BauGB** nicht abgeschlossene Aufzählung der möglichen Darstellungen **§ 5 Abs. 2b BauGB** Teilpläne **§ 5 Abs. 3 BauGB** Kennzeichnungen **§ 5 Abs. 4 BauGB** nachrichtliche Übernahmen **§ 5 Abs. 5 BauGB** Begründungspflicht	**§ 8 Abs. 2 BauGB** Entwicklung aus dem F.-Plan **§ 9 Abs. 1, 1a-4, 7 BauGB** abschließende Aufzählung möglicher Festsetzungen **§ 9 Abs. 2 BauGB** Befristung/Bedingung **§ 9 Abs. 5 BauGB** Kennzeichnungen **§ 9 Abs. 6 BauGB** nachrichtliche Übernahmen **§ 9 Abs. 8 BauGB** Begründungspflicht

wesentliche Unterschiede zwischen Flächennutzungsplan und Bebauungsplan:

Flächennutzungsplan	Bebauungsplan
vorbereitend	verbindlich
für die ganze Gemeinde (Möglichkeit von Teilplänen)	für Teilgebiete der Gemeinde (keine Mindestgröße)
für die Zukunft ausgelegt	für die baldige/unmittelbare Umsetzung ausgelegt
Darstellung in den Grundzügen, M = 1: 10000	konkrete Festsetzungen M = 1 : 1000 (M = 1 : 500)
Katalog der Darstellungen nicht abgeschlossen	Katalog der möglichen Festsetzungen ist abschließend
hoheitliche Maßnahme besonderer Art	Satzung im eigenen Wirkungskreis
Keine Außenwirkung, jedoch öff. Belang § 35 Abs. 3 - hier insbes. Satz 3 BauGB	Außenwirkung; Vollzugsinstrument; z.B. für Vorhaben und Straßenbaumaßnahmen

1. Planerforderlichkeit

Mit § 1 Abs. 3 BauGB ist als wesentliche Norm in diesem Sinne der sog. *Grundsatz der Planerforderlichkeit* begründet worden. Die Gemeinden haben danach Bauleitpläne aufzustellen, **sobald** und **soweit** es für die städtebauliche Entwicklung und Ordnung erforderlich ist. Hiermit hat der Gesetzgeber einerseits eine Planungspflicht der Gemeinde begründet *(sobald)* und andererseits die Planungsbefugnis begrenzen wollen, indem er der Gemeinde das Planungsrecht – aus Erforderlichkeitsgesichtspunkten – darauf beschränkt hat, dass sie nur planen darf, *soweit* eine Erforderlichkeit gegeben ist.[52] In diesem Zusammenhang wird auch davon gesprochen, dass der Gemeinde *planerische Zurückhaltung* auferlegt ist. Weiterhin lässt diese Norm rechtssystematisch deutlich erkennen, dass durch das BauGB hier *bodenrechtliche* oder auch *städtebauliche* Regelungen erfolgen, die in der Gesetzgebungskompetenz des Bundes liegt (konkurrierende Gesetzgebung, Art. 74 Nr. 18 GG). § 1 Abs. 3 BauGB grenzt die Planung insofern auf *städtebauliche* Entwicklungs- und Ordnungsfunktionen ein.[53] Anders gesagt, eine Gemeinde darf ihre planerische Tätigkeit ausschließlich von *städtebaulichen* Beweggründen leiten lassen. *Städtebaulich* begründet ist eine Planung leitsatzmäßig dann, wenn sie die flächenhafte Ordnung der Bodennutzung, in deren Mittelpunkt die menschliche Siedlungstätigkeit mit ihren Flächenansprüchen und Auswirkungen steht, zum Inhalt hat. 276

Ein geradezu klassischer Fall einer nicht i. S. v. § 1 Abs. 3 BauGB städtebaulich begründeten und damit gleichsam rechtswidrigen Planung ist eine aus rein fiskalischen Gründen betriebene Planung, eine Planung, die nur zum Inhalt hat, Wertsteigerungen von Grund und Boden zu erzeugen, um damit wirtschaftliche Gewinne – der Gemeinde oder Dritter – zu erzielen: *Eine Siedlungserweiterung wird geplant, um Baugrundstücke zu verkaufen. Die erwartete Bevölkerungsentwicklung der Gemeinde lässt aber keinen weiteren erwarten. Die Gemeinde plant für einen Landwirt ein Grundstück zur Ansiedlung eines großflächigen Supermarkts. Die Kaufkraft in dem Ort reicht aber bei Weitem nicht für den künftigen Laden aus.* 277

2. Ziele der Raumordnung

Die folgenden Ausführungen stellen die gegenwärtige Gesetzeslage dar. Es ist insofern zu berücksichtigen, dass die Verfassungslage seit der Föderalismusreform I[54] *neu ist. Für Bund und Land werden sich danach in den kommenden Jahren wegen der Stärkung der Kompetenzen der Länder, denen nunmehr nach einem neuen Verfahren durch die Verfassung die Befugnis gegeben wurde, auf dem Gebiet der Raumordnung abweichende gesetzliche Regelungen zu schaffen, neue Konstellationen ergeben.* 278

---

52 Gaentzsch, NVwZ 2000, S. 993.

53 VGH Mannheim, Urteil vom 27. Juli 2001 – 5 S 2534/99 –, NVwZ-RR 2002, S. 630; BVerwG, Beschluss vom 20. November 1995 – 4 NB 23.94 –, ZfBR 1996, S. 110.

54 Gesetz zur Änderung des Grundgesetzes, BT-Drs. 16/813; Föderalismusreform-Begleitgesetz, BT-Drs. 16/814, 16/2010, 16/2069, 16/2020.

279 Neben dieser Verpflichtung zum Erforderlichkeitsgrundsatz hat sich die Gemeinde mit ihrer örtlichen Planung dem System übergeordneter Planungsstufen unterzuordnen. § 1 Abs. 4 BauGB verpflichtet sie zur Anpassung ihrer Planung an die **Ziele der Raumordnung** (siehe hierzu[55]). Damit spricht der Gesetzgeber auf die für den Gesamtraum der Bundesrepublik Deutschland, der Bundesländer und der Teilräume bestehenden Ziel- und Leitvorstellungen an. Hierfür ist durch das Raumordnungsgesetz (ROG)[56] im Wesentlichen vorgegeben, nach welchen Kriterien übergeordnete Planungen zu geschehen haben. Leitgedanke ist dabei zusammenfassend, wie in § 1 Abs. 2 ROG normiert, die Lebensbedingungen in allen Landesteilen zu fördern und zu entwickeln, um für die Menschen gleichwertige Bedingungen zu schaffen. Im ROG wurde dazu bereits sehr früh der Nachhaltigkeitsgedanke normiert. Danach sind die sozialen und wirtschaftlichen Ansprüche an den Gesamtraum mit den ökologischen Funktionen in Einklang zu bringen und mit einer dauerhaften Perspektive für künftige Generationen zu sichern. Anders als die Gegenstände der gemeindlichen Bauleitplanung aus der Position der Trägerschaft der Selbstverwaltung setzen die Gegenstände der raumordnerischen Regelungen *Raumbedeutsamkeit* voraus. Raumbedeutsamkeit besteht, wenn im Zusammenspiel der Gemeinden untereinander Belange zu regeln sind, die unabhängig von den Interessen einzelner Gemeinden zu betrachten sind. Dies ist insbesondere immer dann anzunehmen, wenn sich Auswirkungen der Regelungsinhalte nicht nur auf das Gebiet einer Gemeinde beschränken, sondern mehrere Gemeinden oder eine ganze Region betreffen. Regelungsschwerpunkte sind hier die überörtlichen Infrastruktureinrichtungen, Erholungs- und Fremdenverkehrsbelange, der Bodenschatzabbau, der Einzelhandel (Factory-Outlet Center), Kultur- und Sporteinrichtungen, Windenergieanlagen etc. Mit § 2 Abs. 2 ROG verlangt der Gesetzgeber den Aufbau eines Netzes von leistungsfähigen zentralen Orten im Gesamtraum der Bundesrepublik Deutschland (System der zentralen Orte). Je nach Zentralität (Oberzentren, Mittelzentren, die ggf. durch Grundzentren ergänzt werden) sollen diese Orte die Aufgabe haben, Versorgungsfunktionen über ihr eigenes Gebiet hinweg für Teilräume wahrzunehmen.

280 Gemeinden sind den Zielfestschreibungen auf der Ebene der Raumordnung, denen sie sich gemäß § 1 Abs. 4 BauGB unterwerfen müssen, nicht rechtlos ausgesetzt. Das ROG hat mit § 1 Abs. 3 ROG die Pflicht zum *Gegenstromprinzip* formuliert. Hiernach sind alle Plangeber dazu verpflichtet, sich untereinander gegenüber den Belangen des jeweils über- oder nachgeordneten Plangebers offen zu verhalten und diese in die eigenen planerischen Erwägungen abwägend einzubeziehen. Festgeschriebenen Zielen muss sich die Gemeinde jedoch unterwerfen. Notfalls darf sie mit den Instrumenten der Kommunalaufsicht dazu gezwungen werden, sich hinsichtlich ihrer Bauleitplanung gemäß § 1 Abs. 4 BauGB an die Festschreibungen zu halten. Sie trifft mitunter auch eine Anpassungspflicht ihrer eigenen Pläne.

---

[55] Runkel, Die Bindungswirkungen der Erfordernisse der Raumordnung unter besonderer Berücksichtigung des Städtebaurechts, ZfBR 1999, S. 3.

[56] Raumordnungsgesetz vom 22. Dezember 2008 (BGBl. I S. 2986), zuletzt geändert durch Artikel 2 Absatz 15 des Gesetzes vom 20. Juli 2017 (BGBl. I S. 2808).

Das ROG bildet mit seinen Vorstellungen zur Gestaltung des Gesamtraums im Wesentlichen Rahmenrecht und verpflichtet die Länder, durch jeweilige Landesraumordnungsgesetze Grundlagen für Landesraumordnungsprogramme bzw. -pläne und regionale Raumordnungspläne zu schaffen (§ 6 ROG). 281

Bund 282
Raumordnungsgesetz des Bundes (ROG)
Mit dem Gesetz wird im Wesentlichen das Rahmenrecht für das Raumordnungsrecht der Länder einschließlich der Vorschriften über die Inhalte von Raumordnungsplänen normiert.
Es formuliert zudem die Leitvorstellungen (§ 1 ROG) und die Grundsätze (§ 2 ROG) der Raumordnung.
Weiterhin sind Begriffsbestimmungen (§ 3 ROG) festgelegt

Land 283
Landesraumordnungsgesetz (LROG)
Danach wird ein Raumordnungsplan zur Entwicklung des Landes nach den Vorgaben des ROG erstellt.

Kreis beziehungsweise Region 284
Regionales Raumordnungsprogramm
Weiterentwicklung der auf Landesebene entwickelten Ziele der Raumordnung und Festlegung der durch das Landesraumordnungsprogramm den Regionalen Raumordnungsprogrammen vorbehaltenen Zielsetzungen

Gemeinde 285
§ 1 Abs. 2 BauGB
vorbereitender Bauleitplan *Flächennutzungsplan*
verbindlicher Bauleitplan *Bebauungsplan*

GEGENSTROMPRINZIP

3. Abwägungsgrundsatz

Die Gemeinde ist durch § 1 Abs. 7 BauGB zur *Abwägung* verpflichtet. Der *Abwägungsgrundsatz* als zentrales Element rechtsstaatlicher Planung bedeutet danach, dass alle öffentlichen und privaten Belange gegeneinander und untereinander gerecht abgewogen werden müssen. Dadurch ist die Gemeinde dazu aufgerufen, sich gegenüber allen Belangen, die mit ihrer Planung unmittelbar oder mittelbar berührt werden, offen und aufgeschlossen zu verhalten. Sie soll sich insofern wohlgeordnet eine Meinung bilden, ohne ihren Blick einzelnen Belangen gegenüber zu verstellen und schließlich im Rahmen eines gerechten Für und Wider zu einer *abgewogenen* Entscheidung gelangen. Der Abwägungsvorgang stellt quasi das Herzstück der planerischen Entscheidung der Gemeinde dar. Abwägungsvorgang und Abwägungsentscheidung sind insofern häufig Ansatzpunkt gerichtlicher Entscheidungen zur rechtlichen Überprüfung der Planung der Gemeinde. Die Gerichte legen hier einen hohen Maßstab an, wonach eine jede Abwägungsentscheidung hinsichtlich ihres Zustandekommens überprüfbar ist.[57] Voraussetzung für eine in diesem Sinne 286

[57] BVerwG, Urteil vom 12.12.1969 – 4C 105.66 –, DVBl. 1970, S. 414.

rechtmäßige Abwägung ist zunächst, dass eine Gemeinde eine nach Lage der Dinge angemessene und belangorientierte Sachverhaltsaufklärung betreibt, um schließlich ausreichende Informationen zur Verfügung zu haben für einen Abwägungsprozess.

287 Durch § 1 Abs. 5 BauGB sind der Gemeinde durch den Gesetzgeber hierzu Ziele und Grundsätze formuliert worden, die als allgemeine Planungsleitlinien für ihr Handeln vorgegeben sind. Auch hier tauchen die Elemente der sog. nationalen Nachhaltigkeitsstrategie auf, die bereits auf raumordnerischer Ebene vorgegeben sind (s. o.). Bauleitpläne sollen danach eine nachhaltige städtebauliche Entwicklung die die sozialen, wirtschaftlichen und umweltschützenden Anforderungen auch in Verantwortung gegenüber künftigen Generationen miteinander in Einklang bringen. Mit der besonderen Betonung der Verantwortung, künftigen Generationen gegenüber zu planen, hat der Gesetzgeber auf die Herausforderungen des immer deutlicher werdenden demografischen Wandels und den danach zu vermerkenden Megatrends hingewiesen. Sodann sind die übrigen wichtigen Themenkreise, zu denen auch Umweltschutz, natürliche Lebensgrundlagen und Klimaschutz gehören, in den Blickwinkel der Gemeinde gerückt.

288 Mit § 1 Abs. 6 BauGB werden diese allgemeinen Grundsätze (Planungsleitlinien) mit einer Aufzählung von beispielhaften städtebaulichen Belangen konkretisiert, die die Gemeinde im Rahmen ihres planerischen Tätigwerdens zu berücksichtigen hat. Hier spielen die sozialen und gesellschaftlichen Belange der Bevölkerung – vor allem gesunde Wohnverhältnisse – eine tragende Rolle, aber auch alle übrigen Belange des Gemeinwesens, der Wirtschaft, des Verkehrs und der Kirchen und Religionsgemeinschaften. Besonderes Augenmerk hat der Gesetzgeber zudem auf die Belange des Umweltschutzes gelegt (§ 1 Abs. 6 Nr. 7 BauGB), die durch ergänzende Vorschriften zum Umweltschutz im § 1a BauGB noch weiterentwickelt worden sind.

II. Bauleitplanverfahren

289 Dem BauGB ist nicht von vornherein und unmittelbar zu entnehmen, wie das Bauleitplanverfahren, also das gesetzlich vorgesehene Verfahren zum Zustandekommen von Flächennutzungsplänen und Bebauungsplänen, abzulaufen hat. Eindeutig ist in diesem Zusammenhang gemäß § 1 Abs. 8 BauGB zunächst nur, dass die Vorschriften des BauGB hinsichtlich der Aufstellung von Bauleitplänen auch für ihre Änderung, Ergänzung und Aufhebung gelten.

290 In den folgenden Erläuterungen wird nicht beschrieben, welche internen Entscheidungsprozesse in der Gemeinde auf politischer Seite und innerhalb der Verwaltung notwendig sind. Hierbei ist jedoch zu beachten, dass hinsichtlich der Entscheidungskompetenzen und Zuständigkeiten das Kommunalverfassungsrecht einschlägig ist. Anerkannt ist in Niedersachsen, dass die große Bedeutung der Bauleitplanung in jedem Fall dafür spricht, dass es sich bei den einzelnen Entscheidungsgegenständen nicht um Aufgaben der laufenden Verwaltung handeln kann. Bedeutung und Tragweite der Entscheidungen bedürfen

jeweils politischer Beschlüsse. § 58 Abs. 2 Nr. 2 NKomVG[58] regelt für den **abschließenden** Beschluss des gesamten Verfahrens die Zuständigkeit des Rates. Alle übrigen Entscheidungen bedürfen daher grundsätzlich eines Beschlusses des Hauptausschusses bzw. des Verwaltungsausschusses. Im weiteren Verlauf werden die bundesrechtlichen Anforderungen an das Verfahren erläutert (zur Gesamtübersicht siehe Skizze „Ablauf Bauleitplanverfahren").

1. Beginn des Verfahrens

Das BauGB schreibt für den Beginn des Bauleitplanverfahrens keinen notwendigerweise zu erfolgenden Verfahrensschritt vor. Seit der Änderung des Baugesetzbuchs durch das EAG Bau zum 20. Juli 2004 sind jedoch in jedes Bauleitplanverfahren die Verfahrensbestandteile einer Umweltverträglichkeitsprüfung (UVP) zu integrieren. Eine Anpassung an das Europarecht hat hinsichtlich der sog. Plan UP Richtlinie[59] und der Öffentlichkeitsrichtlinie[60] stattgefunden. Der in dieser Hinsicht durch das Gesetz vorgesehene formalisierte Ablauf des Verfahrens ergibt insofern notwendige Maßnahmen, die bereits zu Beginn ein bestimmtes Handeln der Gemeinde verlangen. Im Ergebnis wird ebenfalls durch das Verfahren die seitens der EU verlangte breite und umfängliche Öffentlichkeitsbeteiligung, insbesondere hinsichtlich der Umweltbestandteile, erreicht. 291

2. Aufstellungsbeschluss (§ 2 Abs. 1 S. 2 BauGB)

Das BauGB regelt nicht, unter welchen Umständen und zu welchem Zeitpunkt ein Aufstellungsbeschluss zu fassen ist. Inhalt der Regelung des § 2 Abs. 1 S. 2 BauGB ist formal betrachtet lediglich, dass ein *vorliegender* Aufstellungsbeschluss ortsüblich bekannt zu machen ist. Es handelt sich nach der Rechtsprechung ausdrücklich nicht um eine zwingende Voraussetzung.[61] Dennoch benutzen viele Gemeinden diesen politischen Beschluss als Entscheidung zum Verfahrensbeginn. 292

Inhalt: Ausschließlich die Bezeichnung des zu beplanenden Bereichs mit der Entscheidung zur *Aufstellung, Änderung, Ergänzung, Aufhebung.* Da also nur eine Umgrenzung einer Fläche – ohne Inhalte – beschlossen wird, ist wegen der oft schwarzen Abgrenzungslinie auch die Bezeichnung „Trauerrandbeschluss" gebräuchlich. Das BauGB verlangt die *ortsübliche Bekanntmachung* des Beschlusses und regelt damit, dass die Gemeinden jeweils auf die in eigener Zuständigkeit festgelegte Bekanntmachungsart öffentlich machen, dass ein Verfahren beginnt, sodass sich jeder darauf einstellen kann. 293

---

[58] Niedersächsisches Kommunalverfassungsgesetz (NKomVG) vom 17. Dezember 2010 (Nds. GVBl. S. 576), zuletzt geändert durch Artikel 1 des Gesetzes vom 26. Oktober 2016 (Nds. GVBl. S. 226).

[59] Richtlinie 2001/42/EG des Europäischen Parlaments und des Rates vom 27. Juni 2001 über die Prüfung der Umweltauswirkungen bestimmter Pläne und Programme (Amtsblatt EG Nr. L 197, S. 30).

[60] Umsetzung von Art. 2 und 3 Nr. 1 der Richtlinie 2003/35/EG des Europäischen Parlaments und des Rates vom 26. Mai 2003 über die Beteiligung der Öffentlichkeit bei der Ausarbeitung bestimmter umweltbezogener Pläne und Programme und zur Änderung der Richtlinien 85/337/EWG und 96/61/EG des Rates in Bezug auf die Öffentlichkeitsbeteiligung und den Zugang zu Gerichten (Amtsblatt EU Nr. L 156, S. 17).

[61] BVerwG, Beschluss vom 15. April 1988 – 4 N 4.87–, BauR 1988, S. 562.

3. Festlegung von Umfang und Detaillierungsgrad für die Ermittlung der Umweltbelange (§ 2 Abs. 4 S. 2 BauGB)

294 Entsprechend dem im Rahmen einer UVP vorzunehmenden Scoping muss sich die Gemeinde hierdurch zu einem frühen Zeitpunkt des Verfahrens (nahezu Beginn) Gedanken über die notwendigen Maßnahmen zur Ermittlung der Umweltbelange machen. Dies kann im Einzelfall bedeuten, dass ggf. in diesem frühen Stadium bereits Entscheidungen darüber zu treffen sind, ob Gutachter einzuschalten sind, ein Grünordnungsplan aufzustellen ist oder ob bestimmte Umweltmedien eine besondere Berücksichtigung im weiteren Verfahren verlangen werden.

295 Gemäß § 2 Abs. 3 BauGB hat die Gemeinde Belange für die Abwägung (§ 1 Abs. 7 BauGB) zu sammeln. Nach § 2 Abs. 4 S. 1 BauGB hat sie eine Umweltprüfung durchzuführen. Die folgenden Beteiligungsschritte sollen die Gemeinde daher dazu in die Lage versetzen, entsprechende Informationen zu sammeln. Gleichsam sollen durch die Beteiligungsschritte Öffentlichkeit, Behörden und andere Planungsträger in die Planung eingebunden werden. Das Beteiligungsverfahren ist zweistufig:

- frühzeitige Beteiligung zu allgemeinen Zielen und Zwecken
- Beteiligung zum Entwurf des Bauleitplans und seiner Begründung

4. Frühzeitige Beteiligung der Behörden (§ 4 Abs. 1 BauGB)

296 Die allgemeinen Ziele und Zwecke der Planung einschließlich möglicher Alternativen sind den Behörden und sonstigen Trägern öffentlicher Planungsbelange mitzuteilen. Diese Stellen werden in diesem frühen Stadium dazu aufgefordert, sich zur beabsichtigten Planung selbst, aber auch zu dem Umfang und dem Detaillierungsgrad der Umweltprüfung zu äußern.
Anzusprechen sind u. a. Leitungsträger, Versorger, Kirchen, Naturschutzbehörde, Wasserbehörde, Verkehrsbehörde, Ordnungsbehörde (Polizei), Schulbehörde etc.
Eine besondere Stellung nehmen hier auch die benachbarten Gemeinden als eigene Trägerinnen der Planungshoheit ein, die gemäß § 2 Abs. 2 BauGB einzubinden sind.

5. Frühzeitige Öffentlichkeitsbeteiligung (§ 3 Abs. 1 BauGB)

297 Die Öffentlichkeit ist über die allgemeinen Ziele und Zwecke der Planung frühzeitig zu unterrichten. Für die Öffentlichkeit soll durch diese Beteiligung die Möglichkeit bestehen, sich in die erst beginnende Planung einzubringen, bevor die Inhalte eines Bauleitplans schon weitgehend festgelegt sind. Es sollen daher für den hierdurch beginnenden Erörterungsprozess auch sich wesentlich unterscheidende Lösungen, die in Betracht kommen, mit ihren jeweiligen Auswirkungen dargelegt werden. Der Öffentlichkeit ist Gelegenheit zur Äußerung und Erörterung zu geben.

Für die Durchführung dieser Beteiligung sind der Gemeinde keine Vorgaben durch das Gesetz auferlegt. In der Regel werden hierzu Bekanntmachungen in den örtlichen Zeitungen veröffentlicht, in denen auf die beginnende Planung hingewiesen wird und dazu eingeladen wird, sich die hierzu bestehenden Unterlagen anzusehen und sie ggf. mit Ansprechpartnern zu erörtern. Weiterhin sind auch Versammlungen üblich, zu denen eingeladen wird. Dort werden die Planungen vorgestellt und zur Erörterung gegeben.

Für das weitere Verfahren sind zur Umsetzung der städtebaulichen Zielsetzungen unter 298
Einbeziehung der durch die bisherigen Beteiligungsschritte gewonnenen Erkenntnisse ein *Entwurf des Bauleitplans* und eine *Begründung* (§ 2a BauGB) zu erarbeiten. Nach dem Stand des Verfahrens legt die Begründung die Ziele und Zwecke und die wesentlichen Auswirkungen des Bauleitplans dar. Das Begründungswerk gibt damit auch Einblicke in den Abwägungsvorgang, zu dem die Gemeinde gesetzlich verpflichtet ist. Für die Belange des Umweltschutzes ist als gesonderter Teil der Begründung ein *Umweltbericht* (§ 2a S. 2 Nr. 2 BauGB) nach Anlage 1 zum BauGB zu erstellen. Zur Erstellung des Umweltberichts hat eine *Umweltprüfung* (§ 2 Abs. 4 BauGB) zu erfolgen, in der nach Vorgabe des Baugesetzbuchs die Belange des Umweltschutzes zu ermitteln und zu bewerten sind. Die Gemeinden sind auch dazu verpflichtet, Maßnahmen zur Überwachung der erheblichen Umweltauswirkungen vorzunehmen, die aufgrund der Planverwirklichung entstehen, um insbesondere auf unvorhergesehene nachteilige Auswirkungen reagieren zu können *(Monitoring § 4c BauGB)*. Die von der Gemeinde erwogenen Maßnahmen sind ebenfalls im Umweltbericht zu beschreiben.

Sodann hat mit förmlichen Anforderungen das Beteiligungsverfahren zum Entwurf des 299
Bauleitplans stattzufinden.

6. Beteiligung der Behörden (§ 4 Abs. 2 BauGB)

300

Zum Entwurf des Bauleitplans und zu dem Begründungswerk holt die Gemeinde nun die Stellungnahme der Behörden und sonstigen Träger öffentlicher Planungsbelange ein. Sie beteiligt hierzu eine Vielzahl von Aufgabenträgern, die als Behörde oder private Stelle Planungsbelange wahrnehmen. Gemäß § 4 Abs. 2 S. 2 BauGB haben die beteiligten Stellen innerhalb eines Monats (mindestens 30 Tage) eine Stellungnahme abzugeben. Die beteiligten Stellen haben in diesem Verfahren auch Aufschluss über eigene Maßnahmen und Planungen zu geben. Informationen und Unterlagen, die für die Abwägung der Gemeinde sachdienlich sind, haben die Stellen zur Verfügung zu stellen.
Auch in diesem Zusammenhang werden Nachbargemeinden beteiligt (gemeindliches Abstimmungsgebot, § 2 Abs. 2 BauGB).

7. Beteiligung der Öffentlichkeit am Entwurf (§ 3 Abs. 2 BauGB)

301 Der Entwurf des Bauleitplans und seine *Begründung* einschließlich *Umweltbericht* sind für die Dauer eines Monats (mindestens 30 Tage) öffentlich auszulegen. Bei Vorliegen eines wichtigen Grundes ist die Auslegungsfrist angemessen zu verlängern. Ebenso sind wesentliche, bereits vorliegende umweltbezogene Stellungnahmen mit auszulegen. Für die Durchführung dieses Beteiligungsschritts sieht das Gesetz die Einhaltung strikter Formvorschriften vor:

- Ort und Dauer der Beteiligung der Öffentlichkeit sind eine Woche vorher ortsüblich (s. o.) bekannt zu machen.
- Mit dieser Bekanntmachung ist darzulegen, welche Arten umweltbezogener Informationen verfügbar sind.
- Es ist darauf hinzuweisen, dass jeder während der öffentlichen Auslage der Unterlagen eine Stellungnahme abgeben kann und dass verspätete Stellungnahmen unberücksichtigt bleiben können.
- Die Behörden und sonstigen Träger öffentlicher Belange sind gesondert über die Durchführung des Beteiligungsverfahrens zu informieren.
- Bei Flächennutzungsplänen ist ergänzend darauf hinzuweisen, dass eine Vereinigung i. S. d. § 4 Abs. 3 S. 1 Nr. 2 des Umwelt-Rechtsbehelfsgesetzes in einem Rechtsbehelfsverfahren nach § 7 Abs. 2 des Umwelt-Rechtsbehelfsgesetzes gemäß § 7 Abs. 3 S. 1 des Umwelt-Rechtsbehelfsgesetzes mit allen Einwendungen ausgeschlossen ist, die sie im Rahmen der Auslegungsfrist nicht oder nicht rechtzeitig geltend gemacht hat, aber hätte geltend machen können.

Mit den der Öffentlichkeit vorzustellenden Planinhalten des Entwurfs – begleitet von der Planbegründung – wird inhaltlich ein erster wesentlicher Abwägungsschritt vorgenommen. Dies ist der Grund dafür, dass dieser Beschluss in vielen Gemeinden durch den Rat gefasst wird, obwohl er tatsächlich nicht zuständig ist.

302 **Erforderliche Fristberechnungen:**
Wochenfrist gemäß BGB unter Anwendung des § 187 Abs. 1 BGB (erster Tag zählt nicht mit)
Monatsfrist gemäß BGB unter Anwendung des § 187 Abs. 2 BGB (erster Tag zählt mit)

8. Stellungnahmen zur Beteiligung

303 Die zu dem ausgelegten Entwurf des Bauleitplans eingehenden Stellungnahmen, die früher auch Anregungen und Bedenken genannt wurden (bis heute noch verbreiteter Begriff), sind gemäß § 3 Abs. 2 S. 4 BauGB zu prüfen. Dies bedeutet, dass das inhaltliche Vorbringen eines Stellungnehmenden im Rahmen eines abwägenden Entscheidungsprozesses mit dem ausgelegten Inhalt des Planentwurfs betrachtet und gewichtet werden muss. Es ist folglich zu entscheiden, ob Stellungnahmen den ausgelegten Entwurf unberücksichtigt lassen oder Anlass geben, den Entwurf noch einmal zu ändern. Mit diesem Prüfvorgang findet ein unmittelbarer Abwägungsvorgang statt. Nach der obergerichtlichen Rechtsprechung handelt es sich hierbei um einen Vorgang unmittelbarer Abwägung. Grundsätzlich dürfte es sich hier damit um eine Aufgabe handeln, die dem obersten Gemeindeorgan, dem Rat, zukommt (siehe auch [62]).

[62] BVerwG, Urteil vom 25. November 1999, UPR 2000, 191, 192; Nieders. OVG, Urteil vom 22. April 1998, Nds-VBl. 1998, S. 213.

Führt die Entscheidung über Stellungnahmen dazu, dass Veränderungen an dem ausgelegten Entwurf des Bauleitplans vorzunehmen sind, so schreibt § 4a Abs. 3 BauGB vor, dass die Verfahren zur Beteiligung der Öffentlichkeit (Entwurfsauslage § 3 Abs. 2 BauGB) und das Verfahren zur Beteiligung der Behörden und sonstigen Träger öffentlicher Belange (Einholung von Stellungnahmen § 4 Abs. 2 BauGB) erneut durchzuführen sind. Dadurch wird erreicht, dass erneut jedermann die Möglichkeit erhält, sich mit einer Veränderung eines bereits ausgelegten Entwurfs eines Bauleitplans auseinanderzusetzen; jeder am Planverfahren Interessierte wird hierdurch „auf gleichem Stand gehalten". 304

9. Abschluss des Verfahrens

Wegen des unterschiedlichen rechtlichen Charakters der vorbereitenden Bauleitplanung und der verbindlichen Bauleitplanung unterscheidet sich der Abschluss des jeweiligen Verfahrens: 305

a) Flächennutzungsplan 306

Dem Flächennutzungsplan kommt als hoheitliche Maßnahme besonderer Art grundsätzlich keine Außenwirkung zu. Somit ist hierzu durch das BauGB kein unmittelbarer Beschluss vorgesehen. Kommunalrechtlich ist es jedoch notwendig, im Sinne der nach § 1 Abs. 7 BauGB zu treffenden *Abwägung* auch eine solche Entscheidung zu fassen. Hierbei handelt es sich eindeutig um eine Entscheidungskompetenz des obersten Gemeindeorgans *(Feststellungsbeschluss)*.

b) Bebauungspläne 307

Gemäß § 10 Abs. 1 BauGB werden Bebauungspläne als materielle Rechtsnormen im Rahmen einer Satzung beschlossen. Mit dieser Aussage hat der Bundesgesetzgeber gleichsam eine formale Zuständigkeitsregelung vorgenommen, weil Satzungen bundeseinheitlich vom obersten Gemeindeorgan (Rat) gefasst werden.

10. Rechtskontrolle

Im Zuge der Bestrebungen zur Deregulierung und zur Stärkung der Eigenverantwortung der Gemeinden hat der Gesetzgeber das Rechtskontrollverfahren durch die jeweiligen (Rechts-) Aufsichtsbehörden der Gemeinden – zumindest für den Bebauungsplan – weitgehend aufgehoben. Für den Flächennutzungsplan als grundlegendes Planwerk für das gesamte Gemeindegebiet ist jedoch weiterhin ein Rechtskontrollverfahren vorgesehen. 308

309

Rechtskontrollverfahren		
Flächennutzungsplan	Genehmigungspflicht gemäß § 6 Abs. 1 BauGB durch die *höhere Verwaltungsbehörde (Landesrecht)* Frist: drei Monate (§ 6 Abs. 4 BauGB)	Versagungsgründe: Verfahrensverstöße und materielle Rechtsverstöße (§ 6 Abs. 2 BauGB), Zweckmäßigkeitserwägungen hinsichtlich planerischer Inhalte sind nicht überprüfbar.
Bebauungspläne	Genehmigungspflicht durch die höhere Verwaltungsbehörde **nur** für • selbstständige Bebauungspläne (§ 8 Abs. 2 S. 2 BauGB, es existiert kein Flächennutzungsplan) • Bebauungspläne aus Verfahren, die parallel zum Flächennutzungsplan durchgeführt werden (*Parallelverfahren*, § 8 Abs. 3 S. 2 BauGB) • vorzeitige Bebauungspläne (§ 8 Abs. 4 BauGB) Bebauungsplanverfahren, die durchgeführt werden, bevor ein entsprechendes Verfahren zum Flächennutzungsplan erfolgt ist	Für das Rechtskontrollverfahren durch die Aufsichtsbehörde gelten gemäß § 10 Abs. 2 BauGB die Vorschriften für den Flächennutzungsplan entsprechend. Die drei Fallgestaltungen haben gemein, dass den Verfahren Bebauungspläne zugrunde liegen, die nicht dem grundsätzlich gemäß § 8 Abs. 2 BauGB vorgesehenen Entwicklungsgebot entsprechen und insofern **Sondersituationen** darstellen.

11. Wirksamwerden/Inkrafttreten

310 Der Flächennutzungsplan erhält nach durchlaufendem Verfahren dadurch Wirksamkeit, dass die Erteilung der aus dem Rechtskontrollverfahren stammenden Genehmigung der höheren Verwaltungsbehörde ortsüblich (s. o.) bekannt zu machen ist (§ 6 Abs. 5 S. 1 und 2 BauGB). In der Bekanntmachung ist sodann Aufschluss darüber zu geben, wann und wo in der Gemeinde die Inhalte des Flächennutzungsplans von jedermann eingesehen werden können.

311 Bebauungspläne als materielle Rechtsquellen treten hingegen in Kraft. Gemäß § 10 Abs. 3 BauGB treten Bebauungspläne, die einer Rechtskontrolle (Genehmigung) zu unterziehen sind, durch die ortsübliche Bekanntmachung der Erteilung der Genehmigung in Kraft (wie Flächennutzungsplan).

312 **Alle übrigen Bebauungspläne** – weitaus mehr als 90 % – treten gemäß § 10 Abs. 3 BauGB durch die ortsübliche Bekanntmachung des erfolgten Satzungsbeschlusses unmittelbar durch die Gemeinde in Kraft. Gemäß § 10 Abs. 3 S. 3 BauGB ist darauf hinzuweisen, wo der Bebauungsplan von jedermann eingesehen werden kann.

313 Für Flächennutzungsplan und Bebauungsplan hat der Gesetzgeber als Veröffentlichungsform somit eine *Ersatzverkündung* vorgesehen. Entgegen der sonst üblichen Form, zu veröffentlichende Unterlagen insgesamt als Text öffentlich zu machen, sieht die Bauleit-

planung quasi nur vor, dass bekannt zu machen ist, wo die Unterlagen in Gänze eingesehen werden können und wodurch sie letztlich Rechtskraft erhalten haben (Beschluss/Genehmigung).

12. Zusammenfassende Erklärung

Dem Flächennutzungsplan und dem Bebauungsplan ist mit dem Akt zum Wirksamwerden bzw. Inkrafttreten eine zusammenfassende Erklärung beizugeben (§§ 6a, 10a BauGB). Hierbei handelt es sich um eine an die Öffentlichkeit gerichtete „Presseerklärung" dahin gehend, wie in dem zurückliegenden Verfahren mit Umweltbelangen umgegangen wurde und inwieweit Äußerungen aus Beteiligungsverfahren Eingang in das jeweilige Planwerk gefunden haben. Diese grundsätzlichen Einzelheiten im Zusammenhang mit der Planung sollen dem Bürger nach dem abgelaufenen Verfahren auf einem Blick verdeutlicht werden. Die zusammenfassende Erklärung ist mit dem Flächennutzungsplan bzw. dem Bebauungsplan bereitzuhalten. Alle Unterlagen sind weiterhin in das Internet (Gemeinde) einzustellen und über ein zentrales Internetportal des Landes zugänglich zu machen. 314

Auf der nächsten Seite folgt ein Schema zum Planverfahren eines Normalverfahrens zur Aufstellung eines Bebauungsplans: 315

316

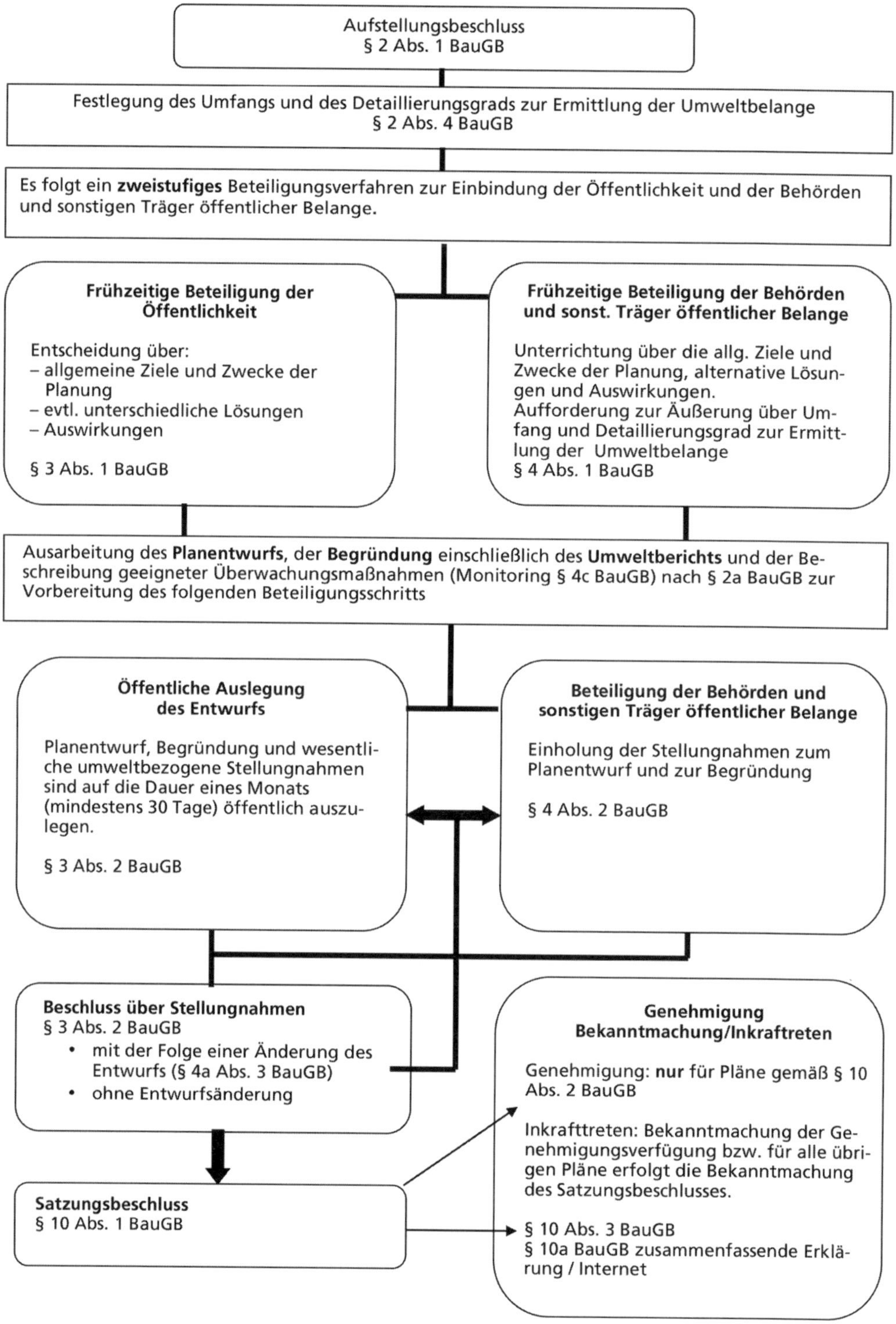
Aufstellungsbeschluss
§ 2 Abs. 1 BauGB
Festlegung des Umfangs und des Detaillierungsgrads zur Ermittlung der Umweltbelange
§ 2 Abs. 4 BauGB
Es folgt ein **zweistufiges** Beteiligungsverfahren zur Einbindung der Öffentlichkeit und der Behörden und sonstigen Träger öffentlicher Belange.
Frühzeitige Beteiligung der Öffentlichkeit
Entscheidung über:
– allgemeine Ziele und Zwecke der Planung
– evtl. unterschiedliche Lösungen
– Auswirkungen
§ 3 Abs. 1 BauGB
Frühzeitige Beteiligung der Behörden und sonst. Träger öffentlicher Belange
Unterrichtung über die allg. Ziele und Zwecke der Planung, alternative Lösungen und Auswirkungen.
Aufforderung zur Äußerung über Umfang und Detaillierungsgrad zur Ermittlung der Umweltbelange
§ 4 Abs. 1 BauGB
Ausarbeitung des **Planentwurfs**, der **Begründung** einschließlich des **Umweltberichts** und der Beschreibung geeigneter Überwachungsmaßnahmen (Monitoring § 4c BauGB) nach § 2a BauGB zur Vorbereitung des folgenden Beteiligungsschritts
Öffentliche Auslegung des Entwurfs
Planentwurf, Begründung und wesentliche umweltbezogene Stellungnahmen sind auf die Dauer eines Monats (mindestens 30 Tage) öffentlich auszulegen.
§ 3 Abs. 2 BauGB
Beteiligung der Behörden und sonstigen Träger öffentlicher Belange
Einholung der Stellungnahmen zum Planentwurf und zur Begründung
§ 4 Abs. 2 BauGB
Beschluss über Stellungnahmen
§ 3 Abs. 2 BauGB
• mit der Folge einer Änderung des Entwurfs (§ 4a Abs. 3 BauGB)
• ohne Entwurfsänderung
Satzungsbeschluss
§ 10 Abs. 1 BauGB
Genehmigung
Bekanntmachung/Inkrafttreten
Genehmigung: **nur** für Pläne gemäß § 10 Abs. 2 BauGB
Inkrafttreten: Bekanntmachung der Genehmigungsverfügung bzw. für alle übrigen Pläne erfolgt die Bekanntmachung des Satzungsbeschlusses.
§ 10 Abs. 3 BauGB
§ 10a BauGB zusammenfassende Erklärung / Internet

III. Verfahrensarten

Das oben beschriebene Bauleitplanverfahren wird auch als das *Normalverfahren* bezeichnet. Das in dieser Form durchgeführte Bauleitplanverfahren unter Einbeziehung der Umweltprüfung erfüllt hohe Ansprüche planerischen Tätigwerdens. Das Verfahren ist jedoch sehr umfangreich und erfordert einen hohen Zeitaufwand, im Durchschnitt zwei Jahre. Der Gesetzgeber hat den Anforderungen von Bauwirtschaft, Investoren und Gemeinden Rechnung getragen und hat neben dem Normalverfahren unter Einhaltung besonderer Anforderungen Möglichkeiten geschaffen, um Bauleitplanverfahren zeitlich verkürzt durchzuführen, zunächst das *vereinfachte Verfahren* und das *beschleunigte Bebauungsplanverfahren*. Beide werden auf den nachfolgenden Seiten stichwortartig dargestellt: 317

■ Vereinfachtes Verfahren (§ 13 BauGB) 318

- Anwendungsfälle (§ 13 Abs. 1 BauGB) 319
  - zur Änderung und Ergänzung von Bauleitplänen
  - unter bestimmten Voraussetzungen zur Aufstellung in Gebieten, die bisher nach § 34 BauGB zu beurteilen sind

- Anwendungsvoraussetzungen: 320
  - Grundzüge der (ursprünglichen) Planung[63] dürfen nicht berührt werden. In einem Gebiet nach § 34 BauGB darf sich der Zulässigkeitsmaßstab durch die Planung nicht wesentlich verändern;
  - keine Vorbereitung der Zulassung UVP-pflichtiger Vorhaben;[64]
  - keine Beeinträchtigung von Schutzgütern von Gebieten gemeinschaftlicher Bedeutung[65] und Vogelschutzgebiete nach dem Bundesnaturschutzgesetz;
  - es dürfen keine Anhaltspunkte dafür bestehen, dass bei der Planung Pflichten zur Vermeidung oder Begrenzung der Auswirkungen von schweren Unfällen nach § 50 Satz 1 des Bundes-Immissionsschutzgesetzes zu beachten sind.[66]

- Verfahrensbeschleunigungen, 321
  - obligatorisch (§ 13 Abs. 2 BauGB)
    - Absehen von der frühzeitigen Beteiligung von Öffentlichkeit und Behörden,
    - Beschränkung der Entwurfsbeteiligung auf die Betroffenen (Öffentlichkeit und Behörden)

---

63 Grundzüge der Planung: das planerische Grundkonzept des Bauleitplans, quasi der Leitgedanke dessen, was der Planer im Zuge der Konzeption vor Augen hatte. Zum Grundkonzept gehört in der Regel die wesentliche Festlegung der Art der baulichen Nutzung und das wesentliche Erschließungssystem.

64 Vorhaben, für die nach dem Gesetz über die Umweltverträglichkeitsprüfung vom 25. Juni 2005 (BGBl. I S. 1757, 2797) oder nach den Landesgesetzen zur Umweltverträglichkeitsprüfung nach den jeweiligen Anlagen ein eigenständiges Prüfungsverfahren vorgesehen ist.

65 Schutzgebiete nach der EG-Richtlinie 92/43/EWG über die Erhaltung der natürlichen Lebensräume sowie der wild lebenden Tiere und Pflanzen (Fauna-Flora-Habitat-Richtlinie, FFH).

66 Eingefügt durch Gesetz zur Umsetzung der Richtlinie 2014/52/EU im Städtebaurecht und zur Stärkung des neuen Zusammenlebens in der Stadt, wurde die Änderung von Baugesetzbuch (BauGB) und Baunutzungsverordnung (BauNVO) am 4. Mai 2017 im Bundestag beschlossen, am 12. Mai 2017 im Bundesgesetzblatt (BGBl. S. 1057–1064).

322 • regelmäßig (§ 13 Abs. 3 BauGB)
  - Entfall: Umweltprüfung, Umweltbericht, Monitoring
  - umweltbezogene Informationen sind nicht bekannt zu machen
  - keine zusammenfassende Erklärung

323 ■ Beschleunigtes Bebauungsplanverfahren (§ 13a BauGB)
(Bebauungsplan der Innenentwicklung)
Hierbei handelt es sich um ein relativ neues Plan(verfahrens)instrument, welches mit der Änderung des BauGB zum 1. Januar 2007[67, 68]eingeführt wurde.[69]

- Anwendungsvoraussetzungen:
  - Wiedernutzbarmachung, Nachverdichtung oder andere Maßnahmen der Innenentwicklung;
  - zulässige Grundfläche (§ 19 Abs. 2 BauNVO) weniger als 20.000 m^2 (Kumulierungsregelung)
    oder
  - 20.000 m^2 bis weniger als 70.000 m^2, wenn nach allgemeiner Vorprüfung (Anlage 2) voraussichtlich keine erheblichen Umweltauswirkungen bestehen.
  - jedoch ist das Verfahren ausgeschlossen, wenn:
    · Zulässigkeit eines UVP-pflichtigen Vorhabens vorbereitet wird (UVPG Bund/Land)
    · Beeinträchtigung eines Gebiets von gemeinschaftlicher Bedeutung (FFH) oder eines Vogelschutzgebiets eintritt (§ 1 Abs. 6 Nr. 7b BauGB).
    · Es dürfen keine Anhaltspunkte dafür bestehen, dass bei der Planung Pflichten zur Vermeidung oder Begrenzung der Auswirkungen von schweren Unfällen nach § 50 Satz 1 des Bundes-Immissionsschutzgesetzes zu beachten sind.

324 • Verfahrensbeschleunigungen:
  - Das **vereinfachte Verfahren** nach § 13 Abs. 2 und 3 BauGB ist anwendbar, *keine Umweltprüfung, kein Umweltbericht;*
  - **Keine strikte Bindung an den Flächennutzungsplan.** Ggf. ist der Flächennutzungsplan ohne Verfahren anzupassen;
  - Bis zur Schwelle von 20.000 m^2 Grundfläche hat **kein Ausgleich** von Eingriffen erfolgen; sie sind entsprechend § 1a Abs. 3 S. 5 als erfolgt oder zulässig zu betrachten;
  - **Zulassung** während der **Planaufstellung** (§ 33 Abs. 3 BauGB)

---

67 Gesetz zur Erleichterung von Planungsvorhaben für die Innenentwicklung der Städte vom 13. Dezember 2006, BGBl. I S. 2878.

68 Battis, Krautzberger, Löhr: Gesetz zur Erleichterung von Planungsvorhaben für die Innenentwicklung der Städte („BauGB 2007") NVwZ 2007, S. 121.

69 Müller-Grune: „Beschleunigtes Verfahren" und „Bebauungspläne der Innenentwicklung" – der neue § 13a BauGB, BauR 2007, S. 985.

Der Gemeinde steht das Wahlrecht zu, dieses Verfahren anzuwenden. 325

Weiterhin sind nach § 9 Abs. 2a – c BauGB besondere Bebauungsplanverfahren zur Nachsteuerung vorhandener Bebauungsbereiche vorgesehen, auf die in dieser Abhandlung gegenwärtig nicht weiter eingegangen wird. 326

Neben den Besonderheiten zur Verfahrensbeschleunigung ermöglicht das BauGB, Planungsrecht für konkrete Projekte durch Bebauungsplan festzuschreiben. Hierzu ist durch § 12 BauGB die Verfahrensart des *vorhabenbezogenen Bebauungsplans* vorgesehen: 327

Der vorhabenbezogene Bebauungsplan ist ein projektbezogener Bebauungsplan und damit eine Unterform des verbindlichen Bauleitplans.[70] Die Inhalte des vorhabenbezogenen Bebauungsplans erlauben – wie der qualifizierte Bebauungsplan – die umfängliche Beurteilung von Vorhaben. Während Bebauungspläne grundsätzlich ein Angebot der Planung darstellen und einen Rahmen möglicher Nutzungen setzen, kommt ein vorhabenbezogener Bebauungsplan erst auf Antrag eines Bauherrn, eines Vorhabenträgers, zustande. Hierdurch wird ein konkretes Baurecht für ein bestimmtes Projekt geschaffen, z. B. für einen Bau- und Gartenmarkt, ein Bürohaus oder ein Wohnprojekt. Die Festsetzungen können individuell im Hinblick auf das Projekt normiert werden, ohne an die eingrenzenden Vorgaben des § 9 BauGB oder der BauNVO gebunden zu sein. Ein solcher Bebauungsplan setzt voraus, dass sich der Bauherr vor dem Inkrafttreten des Plans bereits durch Vertrag zur Durchführung des Projekts innerhalb einer bestimmten Zeit verpflichtet (Durchführungsvertrag); er soll sich ebenso zur vollständigen oder Teilweisen Übernahme der Planungs- und Erschließungskosten verpflichten. Das Instrumentarium des vorhabenbezogenen Bebauungsplanes soll damit auch dazu beitragen, die Gemeinde hinsichtlich der im Zusammenhang mit der Erstellung von Bauleitplänen entstehenden Arbeiten und Kosten zu entlasten. Diese Aufgaben sollen vom Vorhabenträger für „sein" Vorhaben übernommen werden. Hierdurch kann dieses besondere Verfahren zudem ebenso eine Beschleunigung von Investitionen auslösen, weil die im Übrigen bei einer Gemeinde bestehenden Prioritäten zu anderen Planverfahren weniger zu beachten sind. 328

Kommt der Bauherr seiner Verpflichtung nicht nach, beginnt er z. B. nicht mit der rechtzeitigen Durchführung, so kann der Bebauungsplan ohne Anspruch auf Entschädigung wieder aufgehoben werden. Vorteilhaft ist insoweit, dass im Falle nicht realisierter Vorhaben Planungsbrachen vermieden werden, in denen sich städtebaulich unerwünschte Nutzungen etablieren könnten. Die dazu normierte planungsrechtliche Genehmigungsgrundlage ist § 30 Abs. 2 BauGB. 329

Die Gemeinde kann alternativ gemäß § 12 Abs. 3a BauGB die Nutzung auch allgemein festsetzen. Dann ist der Bebauungsplan nicht lediglich auf ein Vorhaben festgesetzt. Dennoch unterscheidet sich ein solcher Bebauungsplan von einem solchen nach § 30 Abs. 1 BauGB dadurch, dass auch hier zur Entstehung des Baurechtes ein Vertrag mit der Gemeinde 330

[70] Reidt, Der „neue" Vorhaben- und Erschließungsplan/vorhabenbezogene Bebauungsplan nach dem BauROG, BauR 1998, S. 909.

geschlossen werden muss, *Durchführungsvertrag*. In der Norm wird auf eine entsprechende Anwendung des § 9 Abs. 2 BauGB verwiesen. Dadurch wird bewirkt, dass das Baurecht erst durch den Eintritt einer Bedingung wirksam wird, hier der Abschluss des besagten Vertrages.

IV. Plansicherungsinstrumente (§§ 14, 15 BauGB)

331 Die Durchführung eines Bauleitplanverfahrens, insbesondere eines Bebauungsplanverfahrens, nimmt mitunter einen Zeitraum von Jahren in Anspruch, im Durchschnitt etwa zwei Jahre. Für Gemeinden kann es daher von Belang sein, den gegenwärtigen Grundstücks- und Bebauungszustand nach dem bisher geltenden Planungsrecht einzufrieren, damit Vorhaben, die nach der neuen Planung ggf. nicht mehr zulässig sind, nicht „noch schnell" vor dem Inkrafttreten des neuen Plans zugelassen werden müssen. Weiterhin kann es für die Gemeinde von großer Bedeutung sein, auf neue Entwicklungen des Markts reagieren zu können, ohne von solchen Veränderungen „überrollt" zu werden. Ein Beispiel sind hierfür Veränderungen auf dem Sektor der sog. Vergnügungsstätten. Aufgrund der Veränderungen am Markt sehen sich viele Gemeinde und Städte vor dem Problem, dass neuerdings Wettbüros[71] in unterschiedlichen Gemeindeteilen entstehen sollen, meist durch Nutzungsänderungen vorhandener Ladenlokale. Da diese Ansiedlungen nach herrschender Auffassung mitunter zu Verdrängungen übriger Nutzungen führen können, sind viele Gemeinden gegen eine unkontrollierte Ansiedlung und möchten durch Bebauungsplanaufstellungen oder -änderungen Voraussetzungen schaffen, sodass nur noch vereinzelt zugelassen werden darf.

1. Veränderungssperre (§ 14 BauGB)

332 Die Gemeinde kann hierzu durch eine eigenständige Satzung (§ 16 BauGB) eine **Veränderungssperre** (§ 14 BauGB) erlassen.

333 Voraussetzungen:

Der Beginn eines Bauleitplanverfahrens muss durch die wirksame Fassung eines *Aufstellungsbeschlusses* i. S. v. § 2 Abs. 1 BauGB öffentlich sein.

Die Gemeinde muss handgreiflich eine städtebauliche Konzeption vorweisen können, die es zu sichern gilt. Sie muss nachweisen, dass sie aus Erforderlichkeitsgesichtspunkten positiven planungsrechtlichen Zielen zustrebt, die es rechtfertigen, durch eine Veränderungssperre gesichert zu werden. § 14 Abs. 1 BauGB formuliert entsprechend *„zur Sicherung der Planung"*.

[71] Ladenlokale, in denen auf bestimmte Ereignisse Wetten abgegeben werden können. Auf großen Monitoren können die mitunter weltweit stattfindenden Ereignisse in Echtzeit verfolgt werden. Die Lokale schaffen mit einer gewissen Aufenthaltsqualität und einem Getränkeausschank Verweilqualität.

Inhalt:

Die nach § 16 Abs. 1 BauGB zu beschließende Satzung darf nach § 14 Abs. 1 BauGB folgenden Inhalt haben: 334

1. Vorhaben i. S. d. § 29 dürfen nicht durchgeführt oder bauliche Anlagen nicht beseitigt werden.
2. Erhebliche oder wesentlich wertsteigernde Veränderungen von Grundstücken und baulichen Anlagen, deren Veränderungen nicht genehmigungs-, zustimmungs- oder anzeigepflichtig sind, dürfen nicht vorgenommen werden.

Es dürfen Ausnahmen von der Veränderungssperre zugelassen werden, wenn überwiegende öffentliche Belange nicht entgegenstehen.
Eingehende Baugesuche sind wegen der materiellen Wirkung der Veränderungssperre als öffentliches Baurecht abzulehnen.

Geltungsdauer:

Gemäß § 17 Abs. 1 BauGB tritt die Veränderungssperre nach zwei Jahren außer Kraft. 335

1. Verlängerung: Ein weiteres Jahr, ohne besondere Begründung (§ 17 Abs. 1 S. 3 BauGB)
2. Verlängerung: Ein weiteres Jahr unter Angabe besonderer Gründe (die in der Planung liegen, § 17 Abs. 2 BauGB))
3. Verlängerung: Weitere Verlängerungen sind möglich, wenn die Sicherungsvoraussetzungen weiterhin bestehen (§ 17 Abs. 3 BauGB)

Auf die jeweilige Frist ist ein Zeitraum einer vorangegangenen Zurückstellung eines Baugesuchs anzurechnen (§ 17 Abs. 1 S. 2 BauGB).

Verfahren/
Entschädigung:

Das BauGB sieht für das Zustandekommen der Satzung keine besonderen Verfahrensregelungen vor. Mit der Festlegung, dass sie als Satzung zu beschließen ist (§ 16 Abs. 1 BauGB), wird Bezug auf das Landesrecht genommen. 336
Für das Inkrafttreten regelt § 16 Abs. 2 BauGB, dass ortsüblich bekannt zu machen ist bzw. dass die Bekanntmachungsform für Bebauungspläne (Ersatzverkündung) gewählt werden kann.

§ 18 Abs. 1 BauGB regelt, dass Vermögensnachteile, die durch die Veränderungssperre (die Verhinderung von Bebauung) entstehen, zu entschädigen sind, wenn eine Sperrwirkung von länger als vier Jahren seit einer zusätzlich ggf. vorangegangenen Zurückstellung eingetreten ist.

§ 17 Abs. 1 BauGB regelt das Außerkrafttreten der Veränderungssperre. Nach dem Wortlaut des Gesetzes gewinnt man den Eindruck, dass eine Veränderungssperre bezüglich mehrerer Grundstücke und mehrerer Baugesuche unterschiedliche Wirkung zeigt. Diesem Umstand hat sich die Rechtsprechung bereits seit Längerem angenommen, um sich mit dem Phänomen der *Atomisierung der Geltungsdauer* auseinanderzusetzen. Die Rechtsprechung ist zu dem Ergebnis gelangt, dass sich ein Bauherr nicht darauf berufen kann, dass die Geltungsdauer einer Veränderungssperre ihm gegenüber bereits abgelaufen sei, weil der Zeitraum einer Zurückstellung einem anderen Bauherrn gegenüber auf die Geltungsdauer der Veränderungssperre anzurechnen sei. Dies sei so zu verstehen, weil die Gemeinde mit 337 dem Beschluss einer Veränderungssperre zwei Jahre Plansicherheit beanspruchen kann, nötigenfalls unter gleichzeitigem Beschluss der ersten Verlängerung, der mit keinerlei zusätzlichen Anforderungen verbunden ist.[72]

2. Zurückstellung von Baugesuchen (§ 15 BauGB)

338 Einzelnen Baugesuchen gegenüber hat die Gemeinde auch *vor* Erlass einer Veränderungssperre die Möglichkeit der Sperrwirkung. Sie kann auf der Grundlage des § 15 Abs. 1 BauGB von der Bauaufsichtsbehörde die Zurückstellung der Entscheidung über das vorliegende Baugesuch verlangen.

339 Voraussetzungen:

Es müssen vor Inkrafttreten die Voraussetzungen des Erlasses einer Veränderungssperre vorliegen. Die Veränderungssperre muss jedoch noch nicht beschlossen sein bzw. noch nicht in Kraft gesetzt sein, soweit bereits eine Satzung erlassen ist.
Das zurückzustellende Vorhaben muss dazu imstande sein, die laufende Planung wesentlich zu erschweren oder sogar unmöglich zu machen. Dies muss die Gemeinde schlüssig darlegen.
Die Gemeinde muss an die Bauaufsichtsbehörde einen Antrag richten, dass das entsprechende Baugesuch zurückzustellen ist (Zeitraum benennen).

340 Wirkung:

Die Bauaufsichtsbehörde erlässt dem Bauherrn gegenüber einen Bescheid als belastenden Verwaltungsakt mit dem Inhalt, dass über das vorliegende Baugesuch für den von der Gemeinde festgelegten Zeitraum nicht entschieden wird, längstens zwölf Monate. Der bestehende Entscheidungsanspruch wird durch diesen *Zurückstellungsbescheid* gehemmt.

341 Wegen des Eintritts der Hemmung des Entscheidungsanspruchs ist es dem Bauherrn insbesondere nicht möglich, sich mit eine Klage wegen Untätigkeit (§ 75 Verwaltungsgerichtsordnung) gegenüber der Bauaufsichtsbehörde durchzusetzen und diese etwa dazu zu zwingen, nach bisheriger Rechtslage – vor Änderung oder Erlass des Bebauungsplans – über das anhängige Baugesuch zu entscheiden. Weil aber auch der auf der Grundlage des § 15 Abs. 1 BauGB veranlasste Zurückstellungsbescheid der Nachprüfung im Verwaltungsrechtsweg unterliegt, ist es notwendig, zur Sicherung der Planung darauf zu achten, dass auch eine Anfechtung des Zurückstellungsbescheids aufschiebende Wirkung erzeugt (§ 80 Abs. 1 Verwaltungsgerichtsordnung). Mit der Begründung der in gesteigertem öffentlichen Interesse liegenden Planung (Planungshoheit der Gemeinde) ist es somit zudem erforderlich, einen Zurückstellungsbescheid unter Anordnung der sofortigen Vollziehbarkeit zu erlassen.

---

[72] BVerwG, Beschluss vom 27. Juli 1990 – 4 B 156.89 –, NVwZ 1991, S. 62.

Beispiel: Veränderungssperre

Satzung 342
über die Veränderungssperre Nr. 1
für den Geltungsbereich des Bebauungsplans Nr. 5
Ortszentrum

Aufgrund der §§ 14 und 16 des Baugesetzbuchs (BauGB) vom 8. Dezember 1986 (BGBl. I S. 2253) in der Fassung der Bekanntmachung vom 3. November 2017 (BGBl. I S. 3634) und § 10 Abs. 1 des Niedersächsischen Kommunalverfassungsgesetzes (NKomVG), Art. 1 des Gesetzes zur Zusammenfassung und Modernisierung des niedersächsischen Kommunalverfassungsrechts vom 17. Dezember 2010 (Nds. GVBl. S. 576 vom 23. Dezember 2010), geändert durch Artikel 2 des Gesetzes vom 2. März 2017 (Nds. GVBl. S. 48), hat der Rat der Gemeinde Engern am .... folgende Satzung beschlossen: 343

§ 1 344

Für den Geltungsbereich des künftigen Bebauungsplans Nr. 5 (Ortszentrum) wird eine Veränderungssperre beschlossen. Der Geltungsbereich umfasst die Grundstücke Bahnhofstraße 23 bis 29 (ungerade) sowie die Grundstücke Rathausstraße 19 und 23.

§ 2 345

Im räumlichen Geltungsbereich der Veränderungssperre dürfen

1. Vorhaben i.S.d. § 29 BauGB nicht durchgeführt oder bauliche Anlagen nicht beseitigt werden,
2. erhebliche oder wesentlich wertsteigernde Veränderungen von Grundstücken und baulichen Anlagen, deren Veränderungen nicht genehmigungs-, zustimmungs- oder anzeigepflichtig sind, nicht vorgenommen werden.

§ 3 346

Ordnungswidrig handelt, wer vorsätzlich oder fahrlässig den Bestimmungen des § 2 dieser Satzung zuwiderhandelt. Die Ordnungswidrigkeit kann gemäß § 10 Abs. 5 NKomVG mit einer Geldbuße bis zu 5.000,– € geahndet werden.

347

§ 4

Für den Geltungsbereich des künftigen Bebauungsplans Nr. 5 (Ortszentrum) wird eine Veränderungssperre beschlossen. Der Geltungsbereich

§ 5 348

Vorhaben, die vor Inkrafttreten dieser Veränderungssperre baurechtlich genehmigt worden sind, Vorhaben, von denen die Gemeinde Engern nach Maßgabe des Bauordnungsrechts Kenntnis erlangt hat und mit deren Ausführung vor dem Inkrafttreten der Veränderungssperre hätte begonnen werden dürfen, Unterhaltungsarbeiten und die Fortführung einer bisher ausgeübten Nutzung, werden von der Veränderungssperre nicht berührt.

§ 6 349

Die Satzung tritt mit dem Tag der Verkündung im Amtsblatt des Landkreises Schaumburg in Kraft. Die Veränderungssperre tritt, soweit sie nicht gemäß § 17 Abs. 1 und 2 BauGB verlängert wird, nach Ablauf von zwei Jahren, auf jeden Fall mit Eintritt der Rechtsverbindlichkeit des Bebauungsplans Nr. 5 außer Kraft.

Engern, den

(Rink)
Bürgermeisterin (Siegel)

LITERATUR

Bamberger, Heinz Georg/Roth, Herbert et al. (Hrsg.), Beck'scher Online-Kommentar zum Bürgerlichen Gesetzbuch , 52. Edition Stand 1.11.2019, München 2019 (zitiert BeckOK BGB/Bearbeiter).

Battis, Ulrich/Krautzberger, Michael/Löhr, Rolf-Peter et al., Baugesetzbuch, Kommentar, 14. Aufl., München 2019 (zitiert: Bearbeiter in Battis/Krautzberger/Löhr).

Grigoleit, Klaus Joachim, Otto, Christian-W. BauNVO – Baunutzungsverordnung, Kommentar, 7. Aufl., Handkommentar, Heidelberg u. a. 2018.

Dirnberger, Franz/Decker, Andreas/Busse, Jürgen et al., Baugesetzbuch, Baunutzungsverordnung, Kommentar, 9. Aufl., ConText-Kommentar, Stuttgart u. a. 2018.

Fickert, Hans Carl/Fieseler, Herbert, Baunutzungsverordnung, Kommentar unter besonderer Berücksichtigung des deutschen und gemeinschaftlichen Umweltrechtes, 13. Aufl., Stuttgart 2018 .

Gelzer, Konrad/Bracher, Christian-Dietrich/Reidt, Olaf et al., Bauplanungsrecht, 8. Aufl., Köln 2014 (zitiert: Bearbeiter in Gelzer et al.).

Große-Suchsdorf, Ulrich, Niedersächsische Bauordnung, Kommentar, 9. Aufl., München 2013.

König, Helmut/Roeser, Thomas/Stock, Jürgen, Baunutzungsverordnung, Kommentar, 4. Aufl., München, München 2019.

Ernst, Werner/Zinkahn, Willy/Bielenberg, Walter/Krautzberger, Michael, Baugesetzbuch, Kommentar, 132. Aktualisierung, München 2019.

Locher, Horst/Locher, Ulrich, Das private Baurecht, 9. Aufl., Studium und Praxis, München 2020.

Schlichter, Otto/Driehaus, Hans-Joachim (Hrsg.), Berliner Kommentar zum Baugesetzbuch, [BauGB], 44. Aktualisierung, Köln, München 2019.

Schrödter, Wolfgang/Breuer, Rüdiger/Schrödter, Hans (Hrsg.), Baugesetzbuch, 9. Aufl., Nomos-Kommentar, Baden-Baden 2019.

Spannowsky, Willy/Otto, Christian-W. (Hrsg.), Beck'scher Online-Kommentar Bauordnungsrecht Niedersachsen, Beck-online, München 2018 (zitiert: BeckOK BauordnungsR Nds/Spannowsky NBauO).